BESTACTIVITYBOOKS.COM

PREMIERE ÉDITION

Dépôt légal, 2022

Illustration Graphique Extra: www.freepik.com
Merci à Alekksall, Starline, Pch.vector, Rawpixel.com, Vectorpocket, Dgim-studio, Upklyak, Macrovector, Stockgiu, Pikisuperstar & Freepik.com Designers

5 ASTUCES POUR DÉMARRER !

1) COMMENT RÉSOUDRE LES MOTS MÊLÉS

Les puzzles sont dans un format classique :

- Les mots sont cachés sans espaces, tirets, ...
- Orientation : Les mots peuvent être écrits en avant, en arrière, vers le haut, vers le bas ou en diagonale (ils peuvent être inversés).
- Les mots peuvent se chevaucher ou se croiser.

2) UN APPRENTISSAGE ACTIF

Un espace est prévu à côté de chaque mots pour noter la traduction. Pour favoriser un apprentissage actif un **DICTIONNAIRE** à la fin de cette édition vous permettra de vérifier et étendre vos connaissances. Cherchez et notez les traductions, trouvez-les dans le Puzzle et ajoutez-les à votre vocabulaire !

3) MARQUEZ LES MOTS

Vous pouvez inventer votre propre système de marquage. Peut-être en utilisez-vous déjà un ? Sinon, vous pourriez, par exemple, marquer les mots qui ont été difficiles à trouver d'une croix, ceux que vous avez aimés d'une étoile, les mots nouveaux d'un triangle, les mots rares d'un diamant, etc...

4) STRUCTUREZ VOTRE APPRENTISSAGE

Cette édition vous offre un **CARNET DE NOTES** très pratique à la fin du livre. En vacances ou en voyage ou à la maison, vous pouvez facilement organiser vos nouvelles connaissances sans avoir besoin d'un second bloc-notes !

5) VOUS AVEZ FINI TOUTES LES GRILLES ?

Allez à la section bonus **CHALLENGE FINAL** pour trouver un jeu gratuit à la fin de cette édition !

Simple et Rapide ! Découvrez notre collection de livres d'activités pour votre prochain moment de détente et **d'apprentissage**, à juste un clic de distance !

Trouvez votre prochain défi sur :

BestActivityBooks.com/MonProchainLivre

À vos marques, prêts... Partez !

Saviez-vous qu'il existe environ 7 000 langues différentes dans le monde ? Les mots sont précieux.

Nous aimons les langues et avons travaillé dur pour créer les livres de la plus haute qualité pour vous. Nos ingrédients ?

Une sélection des thématiques d'apprentissage adaptée, trois belles parts de divertissement, puis nous ajoutons une cuillère de mots difficiles et une pincée de mots rares. Nous les servons avec soin et un maximum de plaisir pour vous permettre de résoudre les meilleurs jeux de mots mêlés qui soient et d'apprendre en vous amusant !

Votre avis est essentiel. Vous pouvez participer activement au succès de ce livre en nous laissant un commentaire. Nous aimerions vraiment savoir ce que vous avez préféré dans cette édition !

Voici un lien rapide qui vous mènera à la page d'évaluation de vos commandes :

BestBooksActivity.com/Avis50

Merci pour votre aide et amusez-vous bien !

De la part de toute l'équipe

1 - Adjectifs #2

E	N	V	I	I	T	K	U	D	O	R	P	T	K	L	F
N	L	P	S	B	C	N	L	H	C	W	H	E	I	O	E
I	H	E	O	O	S	V	D	I	G	V	S	R	R	O	Q
L	O	E	G	Y	U	Q	S	A	M	I	Õ	V	J	M	Y
I	Q	P	S	A	K	E	D	N	A	U	C	I	E	I	O
T	Q	S	M	L	N	U	H	K	E	K	J	S	L	N	W
A	N	A	O	V	A	T	U	T	S	A	V	L	D	G	D
A	P	H	Y	O	V	U	N	S	C	C	A	I	A	U	A
M	T	U	D	M	L	V	A	E	C	S	T	K	V	L	F
A	H	P	O	O	E	A	V	O	T	U	G	E	V	I	B
R	N	K	H	E	N	T	N	E	T	U	A	I	E	N	S
D	C	G	K	P	U	I	S	E	K	F	T	O	V	E	U
G	O	D	U	G	B	V	K	I	L	S	U	D	O	O	L
A	Y	N	T	Q	O	U	S	B	K	R	Z	F	H	C	U
V	H	R	Z	V	T	H	F	U	Y	Z	L	O	C	L	U
D	D	Q	S	Q	H	Q	Y	M	L	K	G	E	W	D	K

AUTENTNE
KUULUS
LOOMINGULINE
KIRJELDAV
ANDEKAS
DRAMAATILINE
ELEGANTNE
UHKE
TUGEV
HUVITAV
LOODUSLIK
UUS
PRODUKTIIVNE
VÕIMAS
PUHAS
VASTUTAV
TERVISLIK
SOOLANE
METSIK
KUIV

2 - Formes

H	O	G	H	Z	T	D	G	D	W	I	U	R	H	R	P
Z	Ü	V	N	U	R	K	I	B	U	U	K	U	U	I	R
L	S	P	A	S	I	L	I	N	D	E	R	U	I	N	I
C	D	O	E	A	P	T	I	L	J	D	H	T	K	G	S
C	M	P	G	R	L	O	O	P	C	G	J	U	O	B	M
O	K	Q	R	E	B	S	E	R	V	A	D	I	O	P	A
L	S	Q	K	V	A	O	M	I	N	M	G	R	N	U	N
K	A	A	R	Õ	U	M	O	F	N	S	R	I	U	Y	L
R	U	M	L	K	K	P	U	L	Q	D	R	D	S	T	W
U	E	L	L	I	P	S	V	D	I	I	M	A	R	Ü	P
N	R	I	S	T	K	Ü	L	I	K	K	E	R	A	R	Q
K	O	V	K	O	L	M	N	U	R	K	K	K	E	K	A
L	Q	V	Q	B	B	R	O	Y	M	G	P	P	E	M	C
U	Y	H	F	I	M	O	Q	I	S	E	Q	U	J	J	G
H	Y	M	J	O	S	S	K	J	C	B	S	J	E	Y	I
D	M	J	W	U	H	P	F	W	B	Q	O	F	H	B	L

KAAR
SERVAD
RUUT
RING
NURK
KÕVER
KOONUS
POOL
KUUBIK
SILINDER
ELLIPS
HÜPERBOOL
RIDA
OVAAL
HULKNURK
PRISMA
PÜRAMIID
RISTKÜLIK
KERA
KOLMNURK

3 - Force et Gravité

M	U	B	O	K	E	Q	P	L	A	A	K	H	H	E	U
V	Õ	M	I	A	P	U	L	I	G	C	S	Õ	O	V	N
O	Z	J	U	U	I	P	A	I	N	R	U	Õ	R	N	I
I	M	H	U	G	Z	R	N	K	H	Õ	R	R	E	B	V
B	R	A	W	U	N	N	E	U	B	L	I	D	K	G	E
Z	A	S	D	S	G	Q	E	M	F	S	I	U	A	D	R
H	Y	J	L	U	K	S	D	I	Z	T	K	M	F	Ü	S
S	I	F	I	C	S	J	I	N	G	A	B	I	H	N	A
K	E	K	H	F	R	E	D	E	E	K	G	S	W	A	A
E	P	E	A	Ü	E	U	D	I	A	I	H	E	V	A	L
S	U	G	U	Ü	P	N	N	M	S	N	E	N	A	M	N
K	B	L	M	S	I	T	E	N	G	A	M	A	W	I	E
U	D	E	N	I	M	E	N	E	I	A	L	O	Q	L	W
S	V	T	M	K	I	B	Y	Z	S	H	C	B	F	I	L
S	U	T	S	A	V	A	F	O	C	E	M	B	B	N	J
O	R	B	I	I	T	V	H	E	H	M	K	L	C	E	S

TELG
KESKUS
AVASTUS
KAUGUS
DÜNAAMILINE
LAIENEMINE
HÕÕRDUMISE
MÕJU
MAGNETISM
MEHAANIKA
LIIKUMINE
ORBIIT
FÜÜSIKA
PLANEEDID
KAAL
RÕHK
OMADUSED
AEG
UNIVERSAALNE
KIIRUS

4 - Adjectifs #1

A	K	O	B	L	J	N	A	E	G	L	A	N	E	L	R
B	U	V	U	W	U	O	Õ	H	U	K	E	D	A	O	L
E	F	S	T	C	Y	O	O	L	C	M	R	T	T	Y	V
U	V	S	V	Z	G	R	C	Y	I	V	E	A	O	V	Z
A	T	R	A	K	T	I	I	V	N	E	K	T	S	S	U
A	R	O	M	A	A	T	N	E	S	N	S	Ä	K	K	V
E	B	J	S	U	U	R	S	D	Ü	T	O	H	U	I	E
C	P	V	G	U	P	W	A	L	Ü	U	O	T	N	L	I
A	Z	W	J	S	L	A	D	E	T	U	T	I	S	S	D
Q	T	H	T	O	N	I	Y	H	U	L	I	S	T	U	E
A	K	T	I	I	V	N	E	I	B	O	L	J	I	I	N
A	B	I	V	A	L	M	I	S	L	S	I	B	L	Ä	T
V	D	G	B	K	I	M	F	K	J	B	N	T	I	T	N
V	J	Y	D	I	G	R	A	P	H	A	E	S	N	L	E
U	K	A	A	S	A	E	G	N	E	A	E	W	E	S	K
P	Z	A	Z	Z	F	Y	M	G	D	L	C	O	L	I	Q

ABSOLUUTNE
AKTIIVNE
AROMAATNE
KUNSTILINE
ATRAKTIIVNE
ILUS
EKSOOTILINE
HELDE
SUUR
AUS
IDENTNE
TÄHTIS
SÜÜTU
NOOR
AEGLANE
RASKE
ÕHUKE
KAASAEGNE
TÄIUSLIK
ABIVALMIS

5 - Instruments de Musique

T	B	T	L	E	K	E	Z	L	B	N	B	T	C	I	F
K	I	T	A	R	R	B	A	Ö	R	A	Y	C	F	N	F
Q	W	O	L	L	E	Š	T	Ö	E	O	N	W	B	U	K
Y	T	G	Z	N	Y	M	R	K	Y	M	F	J	U	Z	U
K	Ö	A	W	O	U	T	E	P	M	O	R	T	O	V	G
T	Ö	F	M	O	N	M	O	I	R	S	Z	G	O	N	G
Q	L	O	S	B	W	T	B	L	Z	M	U	K	N	I	H
K	F	V	F	M	U	U	O	L	H	A	Y	Q	L	O	V
F	L	O	T	O	D	R	V	I	A	R	C	Z	F	Y	O
R	U	A	I	R	B	G	I	D	R	I	V	C	V	U	P
W	I	D	V	T	P	W	N	I	F	M	Z	H	F	R	Y
U	I	T	V	E	D	I	R	E	N	B	Y	S	G	E	S
G	V	S	A	Y	R	T	Y	E	D	A	I	O	Z	F	C
P	S	C	D	M	A	N	D	O	L	I	I	N	F	R	G
S	U	U	P	I	L	L	K	L	A	R	N	E	T	M	O
T	R	U	M	M	O	F	I	S	A	K	S	O	F	O	N

BANJO
FAGOTT
KLARNET
FLÖÖT
GONG
KITARR
SUUPILL
HARF
OBOE
MANDOLIIN
MARIMBA
LÖÖKPILLID
KLAVER
SAKSOFON
TRUMM
TAMBURIIN
TROMBOON
TROMPET
VIIUL
TŠELLO

6 - Herboristerie

A	E	N	Y	A	J	G	S	K	J	R	C	L	J	W	P
K	R	N	E	N	G	A	A	U	E	O	J	T	C	W	I
O	A	O	N	C	P	L	F	L	H	H	P	T	Q	R	P
O	P	G	M	V	K	S	R	I	P	E	G	E	C	C	A
S	T	A	A	A	Z	Q	A	N	E	L	O	E	L	K	R
T	E	R	R	C	A	F	N	A	T	I	T	T	K	Ü	M
I	E	T	O	C	E	T	D	A	E	N	P	I	Z	Ü	Ü
S	G	S	J	U	Z	Y	N	R	R	E	B	L	Z	S	N
O	I	E	R	T	V	A	I	E	S	T	I	A	M	L	T
S	T	S	A	W	H	C	I	G	E	G	V	V	B	A	Q
A	I	M	M	Z	U	D	R	K	L	T	A	K	K	U	M
U	L	E	D	N	E	V	A	L	L	G	A	W	V	K	Q
R	L	B	G	B	Z	H	M	S	J	L	N	V	A	E	D
E	B	K	I	L	I	I	S	A	B	I	M	D	I	G	G
M	O	J	C	J	W	B	O	O	I	L	L	C	K	I	H
K	J	W	L	M	S	R	R	K	I	L	U	S	A	K	L

KÜÜSLAUK
AROMAATNE
BASIILIK
KASULIK
KULINAAR
ESTRAGON
APTEEGITILL
LILL
KOOSTISOSA
AED

LAVENDEL
MARJORAM
PIPARMÜNT
PETERSELL
KVALITEET
ROSMARIIN
SAFRAN
MAITSE
LIIVATEE
ROHELINE

7 - Véhicules

R	E	R	T	U	A	E	R	P	R	V	M	T	O	S	A
E	V	O	T	U	A	Z	Q	I	Y	O	U	I	Q	U	L
H	E	L	L	A	L	F	Q	Q	Z	T	N	S	I	V	L
V	O	L	Z	O	N	J	K	H	Y	F	A	G	B	L	V
I	A	E	L	H	D	C	Z	U	Z	H	V	V	U	G	E
D	U	R	E	T	P	O	K	I	L	E	H	M	S	V	E
H	T	N	N	P	O	N	P	G	J	P	W	E	S	R	L
W	O	Q	R	M	N	M	T	L	M	L	D	F	W	A	A
J	Y	I	B	A	R	I	I	K	N	E	Y	Z	V	K	E
U	C	G	T	A	A	P	P	A	R	V	T	Y	Q	E	V
V	I	Q	E	R	P	S	M	J	J	F	F	R	A	T	Y
C	B	N	L	P	A	M	O	O	T	O	R	V	O	T	C
V	P	Y	P	Z	J	K	U	N	N	E	L	M	A	O	F
T	A	K	S	O	S	A	T	A	R	G	L	A	J	Q	R
H	Z	G	Y	C	G	N	K	O	A	E	C	Y	G	V	W
N	R	E	G	F	W	F	L	Z	R	N	U	Z	U	R	V

KIIRABI
LENNUK
PAAT
BUSS
VEOAUTO
PRAAM
RAKETT
HELIKOPTER
METROO
MOOTOR
REHVID
PARV
ROLLER
ALLVEELAEV
TAKSO
TRAKTOR
RONG
VAN
JALGRATAS
AUTO

8 - Camping

P	D	K	V	A	K	L	E	T	U	W	F	I	O	R	R
F	U	U	N	A	K	O	O	C	M	W	O	E	E	C	Y
R	J	T	H	A	J	P	M	O	Q	L	T	N	D	T	C
R	K	Y	U	Y	B	J	J	P	M	T	G	I	L	J	S
T	Ö	L	A	K	O	E	Y	V	A	A	P	W	U	O	A
U	I	F	R	Y	A	M	Ü	T	S	S	D	K	U	U	L
L	S	N	F	Y	O	S	V	L	V	A	S	U	I	Y	O
E	Q	R	P	O	U	O	K	F	Y	B	D	I	S	V	N
K	F	E	Y	K	C	C	B	Z	G	F	R	Q	Y	B	G
A	C	T	W	C	U	O	R	W	P	Z	A	V	Q	O	I
H	M	A	D	R	Z	T	C	J	P	O	T	U	Y	L	J
J	E	L	O	O	D	U	S	U	T	S	U	R	A	V	R
U	T	A	C	M	Ä	G	I	V	Õ	R	K	K	I	I	K
S	S	G	Z	S	E	R	Z	G	P	O	C	I	D	Y	R
K	A	A	R	T	V	W	G	G	J	Ä	R	V	M	L	B
J	M	S	E	I	K	L	U	S	N	W	Z	B	W	W	U

LOOMAD
SEIKLUS
KOMPASS
SALONGI
KANUU
KAART
MÜTS
JAHT
KÖIS
VARUSTUS
TULEKAHJU
METS
VÕRKKIIK
PUTUKAS
JÄRV
LATERN
KUU
MÄGI
LOODUS
TELK

9 - Géométrie

S	S	A	M	N	A	A	I	D	E	M	M	K	U	S	F
U	E	H	Z	S	U	G	R	Õ	K	G	K	N	T	Q	M
T	I	G	N	I	R	R	E	V	Õ	K	O	S	A	M	I
U	Y	Z	M	J	E	I	K	M	P	J	G	M	B	Q	U
V	A	T	L	E	S	L	E	E	L	L	A	R	A	P	O
R	K	F	U	D	N	A	R	R	Õ	V	I	P	I	N	D
A	I	R	O	O	E	T	Q	N	M	O	R	F	Q	B	F
C	G	A	V	W	D	Õ	K	V	H	K	T	W	A	B	E
K	O	D	Q	Q	F	Õ	D	G	I	Y	E	C	W	P	H
Z	O	T	Y	Y	J	M	J	Y	V	W	E	S	C	S	H
E	L	L	O	L	T	I	A	R	V	H	M	K	L	E	V
M	R	N	M	T	V	B	C	I	O	Q	M	D	D	S	F
K	U	B	B	N	K	Ä	P	D	V	M	Ü	G	O	G	P
M	Õ	Õ	D	E	U	L	K	E	Y	U	S	J	L	J	B
H	R	P	D	R	E	R	O	V	S	L	J	N	I	A	G
K	Q	E	N	L	A	A	K	I	T	R	E	V	T	F	R

NURK
ARVUTUS
RING
KÕVER
LÄBIMÕÕT
MÕÕDE
VÕRRAND
KÕRGUS
LOOGIKA
MASS

MEDIAAN
ARV
PARALLEELSELT
OSA
SEGMENT
PIND
SÜMMEETRIA
TEOORIA
KOLMNURK
VERTIKAALNE

10 - Les Médias

K	Y	V	R	R	K	H	V	M	F	A	U	O	Z	H	I
A	P	Ä	E	A	J	A	I	D	Q	A	D	F	R	B	N
U	G	L	A	H	W	R	A	Y	F	B	K	U	I	Z	D
B	I	J	R	A	K	I	L	A	H	O	K	T	Q	J	I
A	K	A	V	S	J	D	A	V	A	L	I	K	I	G	V
N	F	A	A	T	I	U	A	C	W	B	P	S	A	D	I
D	O	N	M	A	O	S	A	J	A	L	E	H	E	D	D
U	T	N	U	M	C	U	D	T	A	I	N	E	N	A	U
S	O	E	S	I	R	T	C	R	A	A	L	T	I	J	A
L	D	Y	I	N	N	S	B	K	C	Q	A	R	L	R	A
I	U	B	W	E	F	Ö	T	L	L	R	A	F	N	I	L
K	K	Z	O	U	W	Ö	N	B	G	V	T	H	O	K	N
B	A	V	Q	F	W	T	G	U	Z	G	I	G	M	A	E
V	I	N	Õ	T	E	A	T	I	S	S	G	M	H	J	L
E	O	G	Y	R	R	A	A	D	I	O	I	C	T	A	L
G	H	J	F	E	K	H	K	J	J	L	D	L	K	T	J

HOIAKUD
KAUBANDUSLIK
TEATIS
ONLINE
VÄLJAANNE
HARIDUS
FAKTID
RAHASTAMINE
INDIVIDUAALNE
TÖÖSTUS
AJALEHED
KOHALIK
AJAKIRJAD
DIGITAALNE
ARVAMUS
FOTOD
AVALIK
RAADIO
VÕRK

11 - Philanthropie

E	E	A	A	U	S	U	S	I	A	B	W	O	Y	K	P
P	Z	V	I	J	F	A	E	N	J	W	N	Z	J	O	T
P	W	A	F	L	A	N	L	I	A	M	O	L	O	G	U
B	S	L	S	W	Q	V	Z	M	L	H	O	U	F	U	Z
B	Z	I	U	D	E	S	G	K	U	M	R	C	B	K	W
H	F	K	S	P	M	D	D	O	G	V	U	L	T	O	U
R	Z	J	L	D	H	I	E	N	U	O	S	K	H	N	Q
G	Ü	O	E	I	Z	D	S	D	E	S	P	A	L	D	K
L	Y	H	E	T	I	N	T	S	E	E	S	M	Ä	R	K
O	W	C	M	K	W	E	U	V	I	T	Y	S	Y	Z	A
B	V	E	E	A	N	H	K	H	I	O	G	R	U	G	J
A	Q	H	R	T	D	A	A	Z	D	G	O	T	M	V	D
A	K	N	U	N	O	V	J	N	A	Z	T	N	O	D	A
L	S	T	U	O	G	M	L	R	A	H	A	N	D	U	S
N	I	R	S	K	D	M	Ä	I	N	I	M	E	S	E	D
E	H	K	W	I	S	U	V	E	G	E	T	A	E	H	H

VAJA
EESMÄRK
HEATEGEVUS
KOGUKOND
KONTAKTID
VÄLJAKUTSED
LAPSED
RAHANDUS
VAHENDID
INIMESED
SUUREMEELSUS
GLOBAALNE
RÜHMAD
AJALUGU
AUSUS
INIMKOND
NOORUS
MISSIOON
AVALIK

12 - Diplomatie

J	G	V	M	P	B	Z	U	A	K	I	T	E	E	S	T
Y	I	O	D	O	H	S	Y	D	O	P	Z	V	V	U	U
G	K	I	F	L	T	E	G	H	N	E	L	N	A	U	R
K	H	P	B	I	O	F	I	Z	F	S	M	J	L	R	V
B	H	J	K	I	A	V	I	Y	L	N	R	O	I	S	A
I	U	W	W	T	C	G	E	K	I	E	O	W	T	A	L
K	D	U	K	I	N	A	D	O	K	P	T	V	S	A	I
V	O	T	Y	K	N	S	S	F	T	J	F	R	U	D	S
A	Õ	G	R	A	A	T	I	N	A	M	U	H	S	I	U
N	R	Õ	U	J	H	K	O	O	S	T	Ö	Ö	U	K	S
Õ	G	U	R	K	B	P	Q	Õ	I	G	U	S	D	K	G
U	C	Y	T	A	O	L	E	P	I	N	G	P	N	K	M
N	O	W	C	E	D	N	O	K	T	A	A	S	E	L	F
I	W	K	C	O	L	G	D	J	U	R	U	Y	H	B	S
K	F	U	D	B	K	U	S	F	M	A	K	O	A	H	E
R	E	S	O	L	U	T	S	I	O	O	N	J	L	A	Z

SAATKOND
SUURSAADIK
KODANIKUD
KOGUKOND
KONFLIKT
NÕUNIK
KOOSTÖÖ
ARUTELU
EETIKA
VÕÕRA
VALITSUS
HUMANITAAR
ÕIGUS
POLIITIKA
RESOLUTSIOON
TURVALISUS
LAHENDUS
LEPING

13 - Électricité

G	K	V	A	R	U	S	T	U	S	E	N	R	N	J	P
E	K	R	Õ	V	M	G	Q	Y	U	N	R	C	H	O	A
N	I	V	M	N	K	E	N	V	I	I	T	A	G	E	N
E	R	E	S	A	L	O	U	D	B	M	N	O	W	U	K
R	T	E	N	G	A	M	S	G	M	A	N	T	T	P	A
A	K	D	H	U	O	B	J	E	K	T	I	D	E	H	A
A	E	N	G	O	S	J	C	P	D	S	I	E	N	N	B
T	L	M	W	F	K	U	Z	U	G	U	C	O	V	T	E
O	E	A	Z	H	U	H	W	C	P	D	O	P	I	N	L
R	C	V	M	S	C	T	Q	B	Q	A	S	Q	I	Q	B
U	Z	R	C	P	F	M	C	S	J	L	V	S	T	R	C
N	B	C	U	A	S	E	P	U	K	I	T	S	I	P	N
Z	O	W	W	M	I	D	F	V	A	A	W	U	S	A	Y
E	L	E	K	T	R	I	L	I	N	E	K	E	O	K	J
K	O	G	U	S	T	E	L	E	F	O	N	U	P	U	V
T	E	L	E	V	I	S	I	O	O	N	U	J	U	M	Z

MAGNET
PIRN
AKU
KAABEL
ELEKTRIK
ELEKTRILINE
VARUSTUS
JUHTMED
GENERAATOR
LAMP
LASER
NEGATIIVNE
OBJEKTID
POSITIIVNE
PISTIKUPESA
KOGUS
VÕRK
LADUSTAMINE
TELEFON
TELEVISIOON

14 - Astronomie

E	F	K	T	P	V	P	S	Q	K	B	C	T	Q	M	H
M	E	T	E	O	O	R	L	Q	U	D	U	A	T	M	E
P	O	A	Q	Y	J	I	V	A	U	A	N	E	N	N	M
P	Ä	C	S	A	T	C	N	J	N	K	A	V	A	Y	B
Ö	D	I	O	R	E	T	S	A	H	E	P	A	S	K	A
Ö	R	K	K	U	D	U	K	O	G	U	E	S	T	S	S
R	A	S	E	E	L	Y	K	G	S	J	L	T	R	D	T
I	K	F	A	H	S	E	K	V	U	U	E	U	O	V	R
P	E	Y	C	E	S	E	F	O	P	K	H	N	N	M	O
Ä	T	V	A	J	U	T	U	S	E	T	Ä	I	O	A	N
E	T	J	C	J	G	R	M	O	R	H	T	V	O	A	A
V	O	D	Q	B	R	N	M	M	N	Ä	G	E	M	S	U
H	B	M	K	W	I	P	V	S	O	T	I	R	O	V	T
F	Z	Y	P	L	I	R	I	O	O	E	J	S	W	A	B
M	J	D	C	V	K	B	G	K	V	C	K	U	G	D	C
G	A	L	A	K	T	I	K	A	A	H	R	M	F	J	Q

ASTEROID
ASTRONAUT
ASTRONOOM
TAEVAS
TÄHTKUJU
KOSMOS
VAJUTUS
PÖÖRIPÄEV
RAKETT
GALAKTIKA
KUU
METEOOR
UDUKOGU
TÄHELEPANU
PLANEET
KIIRGUS
PÄIKESE
SUPERNOOVA
MAA
UNIVERSUM

15 - Physique

U	M	M	B	P	K	R	O	G	A	V	N	D	O	O	S
K	N	S	Y	S	G	K	Y	N	Q	Q	V	J	G	R	U
E	A	I	C	U	A	K	I	N	A	A	H	E	M	O	H
E	N	T	V	D	A	K	D	J	Z	B	M	W	H	Z	T
M	S	E	Z	E	S	Y	M	T	O	T	B	G	G	A	E
I	A	N	G	H	R	C	U	Z	M	O	O	T	O	R	L
L	G	G	Q	I	F	S	O	U	V	U	K	L	T	R	I
I	E	A	H	T	I	U	A	O	W	A	A	D	C	M	S
N	D	M	C	L	R	K	M	A	V	A	L	D	Y	I	U
E	U	D	M	M	M	S	U	M	L	H	U	E	D	G	S
O	S	H	E	W	U	A	U	F	M	N	K	D	M	O	A
F	B	Q	G	N	O	R	T	K	E	L	E	S	O	M	A
L	G	L	D	B	B	S	A	U	C	Z	L	D	T	A	W
W	J	G	Q	F	B	V	A	C	P	Y	O	S	A	S	V
K	A	O	S	U	R	I	I	K	W	W	M	I	A	S	Q
K	I	I	R	E	N	D	U	S	E	C	L	M	A	U	C

KIIRENDUS
AATOM
KAOS
KEEMILINE
TIHEDUS
ELEKTRON
VALEM
SAGEDUS
GAAS
RASKUS
MAGNETISM
MASS
MEHAANIKA
MOLEKUL
MOOTOR
TUUMA
OSAKE
SUHTELISUS
UNIVERSAALNE
KIIRUS

16 - Types de Cheveux

B	G	V	Y	B	V	T	U	E	L	S	Y	D	R	K	S
L	I	Ä	I	L	A	I	N	E	L	I	N	E	V	U	W
O	W	R	K	K	I	P	B	I	I	K	F	S	M	I	I
N	T	V	W	G	I	T	R	A	F	Z	R	L	R	V	N
D	E	I	N	T	T	Ä	P	U	W	B	A	P	K	Õ	U
W	Y	T	L	R	H	R	L	B	U	M	U	S	T	H	V
P	I	U	F	O	I	O	T	L	Y	N	L	F	U	U	F
T	Q	D	W	B	K	I	L	S	I	V	R	E	T	K	Z
L	O	K	K	I	S	I	H	Õ	B	E	P	R	B	E	I
Z	N	T	F	C	T	Z	D	V	T	V	Õ	P	D	M	Z
K	V	K	B	G	B	F	H	A	Q	F	I	A	D	H	H
Q	K	O	K	S	T	L	J	L	U	O	M	K	I	E	I
K	I	I	L	A	S	V	K	G	Q	A	I	S	O	P	S
S	L	Ü	H	I	K	E	O	E	H	W	T	W	J	B	L
Z	Q	G	Z	B	D	S	O	E	N	E	U	F	D	T	W
H	A	L	L	Y	H	P	O	Y	P	O	D	B	S	C	O

HÕBE
VALGE
BLOND
LOKID
LÄIKIV
KIILAS
VÄRVITUD
LÜHIKE
PEHME
PAKS
LOKKIS
HALL
PIKK
PRUUN
ÕHUKE
MUST
LAINELINE
TERVISLIK
KUIV
PÕIMITUD

17 - Archéologie

R	O	S	S	E	F	O	R	P	Y	T	I	N	B	M	H
J	B	B	V	M	Q	L	J	O	U	N	M	Y	G	Õ	V
W	Z	P	J	L	U	V	O	E	T	U	T	N	L	I	F
T	S	G	L	E	P	M	E	T	A	T	S	A	A	S	Y
Q	D	D	N	O	K	S	E	E	M	R	A	J	A	T	H
T	U	F	T	E	C	T	L	K	D	E	J	R	T	A	A
E	N	I	M	A	D	N	I	H	N	P	A	L	W	T	R
A	N	A	L	Ü	Ü	S	I	D	U	S	K	U	U	U	E
T	V	N	A	L	P	M	S	U	T	K	I	U	N	S	L
E	F	V	L	J	W	D	S	A	N	E	I	D	U	L	I
A	C	J	Y	T	A	P	O	H	C	N	T	Z	S	K	I
D	J	R	W	H	O	S	F	S	V	K	N	R	T	J	K
L	U	Y	I	D	J	Y	T	D	P	S	A	R	A	I	V
A	D	E	D	Y	W	N	G	U	Z	O	J	D	T	B	I
N	J	J	Ä	R	E	L	T	U	L	I	J	A	U	P	A
E	K	E	R	A	A	M	I	K	A	Y	M	C	D	J	P

ANALÜÜS
AASTAT
ANTIIKAJAST
TEADLANE
JÄRELTULIJA
EKSPERT
AJASTU
MEESKOND
HINDAMINE
FOSSIIL
TUNDMATU
MÕISTATUS
OBJEKTID
LUUD
UNUSTATUD
KERAAMIKA
PROFESSOR
RELIIKVIA
TEMPEL
HAUD

18 - Mammifères

Q	R	V	K	A	J	R	I	K	L	E	A	K	G	P	H
Q	K	S	A	P	K	I	N	F	U	K	W	P	O	T	O
S	G	K	S	R	U	R	S	G	N	J	R	G	R	I	B
E	A	G	S	E	L	E	V	A	N	T	J	R	I	K	U
B	U	Z	F	G	A	D	E	L	F	I	I	N	L	N	N
R	H	Q	P	I	A	G	N	S	C	K	S	L	L	K	E
A	J	M	K	I	V	R	A	G	W	K	Q	D	A	Ä	O
M	B	Y	A	T	S	K	B	L	P	W	T	S	B	N	Y
K	O	E	R	R	Q	A	E	A	Õ	U	V	G	M	G	V
L	A	M	B	A	D	R	R	F	G	V	L	S	I	U	A
K	O	I	O	T	T	U	Z	S	I	Z	I	L	B	R	H
T	I	E	T	B	U	K	J	T	M	B	B	R	I	U	V
S	S	L	H	D	L	Z	H	C	U	I	B	F	P	C	I
N	P	A	Ü	D	H	A	C	Q	U	T	O	V	M	R	F
N	H	B	M	Ü	W	T	B	L	Y	H	U	N	T	P	U
Z	C	B	K	Y	K	J	R	L	D	C	S	V	Z	C	I

VAAL
KASS
HOBUNE
KOER
KOIOTT
DELFIIN
ELEVANT
KAELKIRJAK
GORILLA
KÄNGURU
KÜÜLIK
LÕVI
HUNT
LAMBAD
KARU
REBANE
AHV
PULL
TIIGER
SEBRA

19 - Chocolat

G	D	D	M	K	E	F	Z	K	A	L	R	R	P	K	K
M	O	T	N	A	D	Ü	S	K	O	I	T	N	A	A	I
L	A	J	Q	T	A	T	G	P	H	R	P	K	S	K	B
E	I	G	U	V	P	P	S	F	Y	B	U	Ä	O	A	E
M	Z	R	U	E	U	E	Ä	M	W	P	L	S	S	O	K
M	R	W	S	S	T	S	I	H	J	L	B	I	I	K	A
I	U	H	A	T	R	T	A	Z	K	K	E	T	T	A	L
K	V	H	M	I	F	E	C	R	T	L	R	Ö	S	R	O
T	W	O	M	A	E	R	T	E	O	I	I	Ö	O	A	R
Z	V	R	E	M	S	E	E	D	Q	O	K	D	O	M	E
E	K	S	O	O	T	I	L	I	N	E	M	I	K	E	I
B	O	T	O	Y	I	S	U	H	K	U	R	M	M	L	D
L	H	B	G	N	A	N	Z	E	N	F	I	M	M	L	W
H	B	P	U	Y	M	Q	O	V	F	J	N	O	M	S	I
K	O	O	K	O	S	P	Ä	H	K	E	L	K	Z	Y	J
K	V	A	L	I	T	E	E	T	F	E	G	J	H	G	B

KIBE
ANTIOKSÜDANT
AROOM
KÄSITÖÖ
KOMMID
MAAPÄHKLID
KAKAO
KALOREID
KARAMELL
MAITSEV
MAGUS
EKSOOTILINE
LEMMIK
MAITSE
KOOSTISOSA
KOOKOSPÄHKEL
PULBER
KVALITEET
RETSEPT
SUHKUR

20 - Mathématiques

W	B	F	N	Ü	M	B	E	R	M	Õ	Õ	T	P	G	K
G	W	V	U	W	V	R	Z	S	J	R	H	U	A	E	E
B	Z	K	R	D	Z	Õ	A	M	O	K	M	U	R	O	R
H	U	H	G	Q	O	I	R	A	J	J	W	R	A	M	A
V	U	D	A	R	W	B	F	R	D	J	U	N	L	E	S
R	L	L	D	Z	L	Q	V	N	A	I	O	W	L	E	Ü
I	Ä	R	K	D	Z	E	T	O	S	N	U	D	E	T	M
S	B	Ö	K	N	Y	B	D	O	U	T	D	S	E	R	M
T	I	Ö	O	O	U	N	R	I	M	H	M	V	L	I	E
I	M	P	L	I	V	R	A	S	M	Q	Q	I	S	A	E
M	Õ	K	M	I	W	B	K	T	A	T	P	M	E	A	T
K	Õ	Ü	N	R	I	S	T	K	Ü	L	I	K	L	C	R
L	T	L	U	N	O	M	Y	A	K	J	T	Y	T	R	I
T	N	I	R	G	K	K	Y	R	Z	K	R	V	R	V	A
O	P	K	K	S	A	U	K	F	D	N	I	G	F	Y	V
A	R	I	T	M	E	E	T	I	K	A	E	W	Q	S	E

NURGAD
ARITMEETIKA
RUUT
ÜMBERMÕÕT
KOMA
LÄBIMÕÕT
VÕRRAND
FRAKTSIOON
GEOMEETRIA
PARALLEELSELT
RÖÖPKÜLIK
RISTI
HULKNURK
RAADIUS
RISTKÜLIK
SUMMA
KERA
SÜMMEETRIA
KOLMNURK

21 - Sport

P	M	M	Q	E	L	V	T	N	M	P	S	L	Q	J	I
R	R	S	Z	A	K	N	O	B	E	V	P	U	T	A	U
U	E	O	Z	D	L	W	J	A	T	C	O	U	S	L	T
Y	N	R	G	I	A	V	L	N	A	V	R	D	U	G	A
N	E	F	C	R	N	K	L	N	B	Õ	T	E	V	R	N
U	E	M	Y	E	A	K	C	O	O	I	L	S	A	A	T
I	R	P	S	E	T	M	Z	K	O	M	A	A	D	T	S
W	T	N	Z	M	O	E	M	N	L	E	N	H	I	T	I
K	E	H	A	I	R	N	N	O	N	K	E	I	P	A	M
E	S	U	P	S	B	I	S	O	E	U	J	L	U	S	I
E	P	K	G	K	D	M	U	S	I	V	R	E	T	Õ	N
S	O	Y	T	A	C	I	V	E	G	T	R	Y	S	I	E
M	R	W	V	M	P	K	E	R	P	O	G	C	A	T	K
Ä	T	A	B	H	J	R	G	E	T	E	E	H	V	M	Z
R	T	N	H	C	D	Ö	U	V	T	G	P	E	C	M	Z
K	A	R	S	P	W	S	T	T	L	K	L	H	I	R	W

SPORTLANE
VÕIME
VERESOONKONNA
KEHA
JALGRATTASÕIT
TANTSIMINE
DIEET
VASTUPIDAVUS
TREENER
TUGEVUS
SÖRKIMINE
MAKSIMEERIDA
METABOOLNE
LIHASED
EESMÄRK
LUUD
PROGRAMM
TERVIS
SPORT

22 - Mythologie

E	Y	K	O	J	S	I	T	E	L	O	K	T	Z	A	L
P	L	Y	A	V	K	U	P	I	F	A	S	U	L	R	A
S	W	Z	N	N	Y	D	R	L	A	T	E	G	O	M	B
C	K	A	S	A	G	D	N	E	G	E	L	E	O	U	Ü
C	A	L	K	Z	R	E	V	O	M	H	S	V	M	K	R
S	U	R	E	L	I	K	L	Ä	V	A	O	U	I	A	I
F	E	H	A	Y	U	V	Q	A	K	I	T	S	N	D	N
M	A	A	G	I	L	I	N	E	N	V	M	U	E	E	T
K	A	N	G	E	L	A	N	N	A	E	D	J	S	D	Z
R	O	P	Q	S	F	K	U	L	T	U	U	R	B	U	H
A	R	H	E	T	Ü	Ü	P	R	T	Õ	E	N	B	S	F
E	F	O	O	R	T	S	A	T	A	K	V	U	S	V	C
S	C	P	L	K	Ä	T	T	E	M	A	K	S	V	B	U
A	Y	V	B	E	N	I	M	U	T	I	Ä	K	V	H	H
Q	T	M	S	E	N	A	L	A	D	Õ	S	B	Q	T	T
N	U	R	W	O	R	D	S	S	S	Q	V	R	O	J	J

ARHETÜÜP
KATASTROOF
KÄITUMINE
LOOMINE
OLEND
KULTUUR
VÄLK
TUGEVUS
SÕDALANE
KANGELANNA
KANGELANE
SUREMATUS
ARMUKADEDUS
LABÜRINT
LEGEND
MAAGILINE
KOLETIS
SURELIK
KÕU
KÄTTEMAKS

23 - Restaurant #2

Q	V	J	Ä	Ä	H	V	T	D	B	L	K	S	G	K	N
S	I	E	Z	P	H	J	D	Y	D	U	E	O	I	Ö	R
A	K	P	S	R	K	P	K	G	C	S	L	O	P	Ö	V
L	O	O	T	I	F	A	Q	W	W	I	N	L	T	G	Ü
A	S	Õ	L	H	S	D	E	Q	M	K	E	D	E	I	R
T	N	H	G	Q	R	F	W	I	J	A	R	D	W	V	T
W	G	T	B	G	C	Y	B	V	I	S	W	M	W	I	S
J	J	U	M	K	K	D	M	S	U	P	P	I	F	L	I
M	K	S	U	C	S	G	A	L	A	K	O	O	K	J	D
U	V	Ö	N	Z	Z	U	I	J	I	K	T	G	A	A	G
D	P	Ö	M	H	M	C	T	E	L	B	B	A	H	D	J
A	R	K	I	G	N	J	S	Q	W	I	U	D	V	F	O
N	U	U	D	L	I	D	E	L	R	Q	V	H	E	O	O
U	M	U	N	A	D	K	V	I	A	F	T	U	L	J	K
Õ	J	A	K	B	O	Y	G	T	R	G	U	P	U	J	B
L	O	I	M	S	U	R	G	N	M	Z	V	P	F	P	C

JOOK
TOOL
LUSIKAS
LÕUNA
MAITSEV
ÕHTUSÖÖK
VESI
VÜRTSID
KAHVEL
PUUVILJAD
KOOK
JÄÄ
KÖÖGIVILJAD
NUUDLID
MUNAD
KALA
SALAT
SOOL
KELNER
SUPP

24 - Beauté

Q	Š	L	C	Q	U	B	Q	M	N	W	V	T	A	M	N
K	P	A	N	A	H	K	L	O	L	I	Õ	E	Õ	E	L
U	A	W	M	P	N	W	M	C	U	H	L	E	L	I	O
H	E	D	D	P	K	Ä	Ä	R	I	D	U	N	I	K	K
U	U	J	I	E	O	Y	Z	N	R	H	M	U	D	Z	I
K	P	U	M	N	Q	O	C	Y	I	R	R	S	E	Z	D
Q	P	A	L	N	L	O	N	O	P	C	A	E	R	C	Q
V	Ä	R	V	E	L	I	S	J	S	I	P	D	K	T	I
L	E	G	E	E	P	C	I	I	M	O	Q	D	N	S	M
D	P	W	Q	G	P	U	P	P	E	Q	Y	O	I	I	B
A	P	G	K	O	M	C	L	S	T	N	A	G	E	L	E
R	R	A	Q	T	N	E	R	K	U	O	S	T	V	I	P
J	H	O	G	O	L	P	U	W	Š	F	W	Z	K	T	W
K	T	B	O	F	P	S	J	Z	Š	F	T	Q	Y	S	A
E	R	Y	P	M	E	K	O	S	M	E	E	T	I	K	A
E	L	E	G	A	N	T	N	E	V	F	A	N	T	I	L

LOKID
VÕLU
KÄÄRID
KOSMEETIKA
VÄRV
ELEGANTS
ELEGANTNE
ARMU
ÕLID
SILE
MEIK
RIPSMETUŠŠ
PEEGEL
AROOM
NAHK
FOTOGEENNE
HUULEPULK
TEENUSED
ŠAMPOON
STILIST

25 - Avions

M	M	E	R	W	V	S	A	M	L	A	C	K	K	K	V
L	A	J	I	S	I	E	R	T	E	M	S	C	Ü	Õ	I
A	P	A	A	P	J	D	U	K	M	E	C	F	T	R	A
S	R	T	N	V	O	D	V	K	M	O	S	K	U	G	C
K	O	U	G	D	N	U	U	S	Q	R	S	K	S	U	Y
U	P	R	B	A	U	P	N	C	B	U	U	F	O	S	K
M	E	B	N	V	R	M	K	H	Õ	C	L	Q	Ä	N	L
I	L	U	R	A	K	H	I	C	H	I	K	E	P	Ä	D
N	L	L	K	T	Y	F	N	N	I	J	I	V	U	R	R
E	E	E	Q	U	K	L	I	S	E	N	E	A	N	L	O
O	R	N	T	S	S	F	S	A	S	V	S	J	P	L	T
K	E	T	K	I	O	I	E	H	U	T	B	A	R	A	O
U	O	S	Y	A	Y	H	V	F	T	O	O	L	I	P	O
O	E	S	P	P	Q	Z	N	V	I	J	F	U	C	U	M
E	P	H	J	Y	Z	Y	Q	Q	H	W	N	G	P	H	K
T	A	E	V	A	S	R	U	O	E	P	V	U	R	Õ	K

ÕHK
ATMOSFÄÄR
MAANDUMINE
SEIKLUS
ÕHUPALL
KÜTUS
TAEVAS
EHITUS
LASKUMINE
SUUND
MEESKOND
PAISUTAVAD
KÕRGUS
PROPELLER
AJALUGU
VESINIK
MOOTOR
REISIJA
PILOOT
TURBULENTS

26 - Aventure

U	Z	D	N	O	K	E	E	T	N	R	E	J	T	V	E
Y	Z	I	H	O	O	F	O	L	M	R	A	O	E	Õ	K
G	G	U	N	J	O	M	G	Y	M	M	G	H	G	I	S
U	O	K	A	T	Z	I	L	C	Z	T	O	T	E	M	K
D	S	J	M	V	W	W	S	K	M	T	M	L	V	A	U
S	V	Ä	L	J	A	K	U	T	S	E	D	I	U	L	R
L	O	O	D	U	S	V	T	E	A	O	T	K	S	U	S
R	D	I	G	U	U	S	U	B	I	G	R	D	R	S	I
K	A	P	B	L	L	Z	H	A	S	S	I	Õ	J	D	O
M	R	S	K	I	F	Q	O	H	U	I	Q	V	Õ	P	O
H	B	R	K	K	P	Q	Z	A	T	H	S	S	A	M	N
S	Õ	T	G	U	M	B	Q	R	N	T	H	P	R	N	H
F	S	H	M	A	S	A	E	I	E	K	I	M	Q	Z	O
J	U	K	T	C	D	E	H	L	R	O	A	M	K	I	L
Ü	L	L	A	T	A	V	D	I	G	H	A	J	C	V	H
Y	C	C	E	S	K	U	V	K	Q	T	L	S	D	Z	N

TEGEVUS
SÕBRAD
ILU
VÕIMALUS
OHTLIK
SIHTKOHT
VÄLJAKUTSED
RASKUSED
ENTUSIASM

EKSKURSIOON
EBAHARILIK
TEEKOND
RÕÕM
LOODUS
NAVIGATSIOON
UUS
OHUTUS
ÜLLATAV

27 - Ville

S	K	O	H	C	E	Z	L	H	D	A	C	Q	L	R	R
H	Y	I	N	O	P	K	W	O	R	B	M	D	O	A	P
O	O	T	N	K	Y	K	Q	T	U	W	U	Ö	O	A	G
D	F	E	D	O	T	W	W	E	R	B	U	Ö	M	M	W
O	U	K	O	O	L	H	H	L	I	G	S	T	A	A	F
O	K	R	O	G	Q	Y	N	L	T	C	E	I	A	T	G
P	R	A	P	Z	H	S	W	G	F	L	U	R	E	U	W
U	Y	M	E	A	P	T	E	E	K	E	M	A	D	K	J
T	K	R	L	O	O	K	I	L	Ü	N	Y	G	W	O	F
A	J	E	L	E	A	I	C	M	F	N	A	A	Z	G	E
M	S	P	I	I	R	E	L	A	G	U	T	P	R	U	T
A	R	U	L	U	Y	M	D	U	R	J	E	E	T	L	S
A	L	S	B	D	J	V	K	B	U	A	A	E	T	V	C
R	E	S	T	O	R	A	N	D	T	A	T	A	Y	N	E
K	L	I	I	N	I	K	U	R	I	M	E	J	F	N	F
S	T	A	A	D	I	O	N	C	J	D	R	Y	D	T	V

LENNUJAAM
PANK
RAAMATUKOGU
PAGARITÖÖ
KINO
KLIINIK
KOOL
LILLEPOOD
GALERII
HOTELL
RAAMATUPOOD
TURG
MUUSEUM
APTEEK
RESTORAN
STAADION
SUPERMARKET
TEATER
ÜLIKOOL
LOOMAAED

28 - Ingénierie

V	M	J	S	R	O	T	A	T	S	I	O	O	N	I	L
E	O	Z	V	T	Q	F	F	M	J	P	M	L	J	E	E
D	O	S	G	V	A	A	R	V	U	T	U	S	K	K	V
E	T	A	F	Q	M	B	M	G	A	N	P	E	I	H	I
L	O	W	C	E	E	N	I	M	T	Õ	Õ	M	Q	B	T
I	R	V	G	Q	A	B	D	I	N	U	R	K	Y	C	A
K	L	Ä	B	I	M	Õ	Õ	T	L	O	O	P	G	L	M
W	R	D	R	J	E	Z	I	B	Q	S	K	Ä	I	K	I
T	U	N	I	C	E	C	S	R	E	E	U	R	K	S	N
I	U	K	C	I	K	R	N	P	G	H	P	S	Q	T	E
K	T	G	Z	O	S	U	T	P	N	I	S	A	M	L	Z
D	K	Y	E	W	L	E	Q	Q	W	T	T	E	L	G	N
S	U	V	R	V	H	E	L	P	S	U	R	S	H	T	H
C	R	M	M	G	U	C	I	M	U	S	H	H	Z	B	S
S	T	C	M	I	G	S	K	S	Ü	G	A	V	U	S	C
P	S	Q	I	Q	E	E	N	E	R	G	I	A	K	Y	O

NURK
TELG
ARVUTUS
EHITUS
SKEEM
LÄBIMÕÕT
DIISEL
LEVITAMINE
KÄIK
ENERGIA
TUGEVUS
VEDELIK
MASIN
MÕÕTMINE
MOOTOR
SÜGAVUS
POOLT
ROTATSIOONI
STABIILSUS
STRUKTUUR

29 - Énergie

U	G	U	K	F	A	O	E	J	L	E	S	I	I	D	E
K	U	K	M	M	M	R	V	O	P	N	S	L	I	I	L
T	U	E	W	O	N	O	O	S	U	T	S	Ö	Ö	T	E
U	J	U	N	I	I	S	N	E	B	R	U	Z	V	O	K
U	R	F	M	D	B	G	V	K	Y	O	J	F	M	T	T
M	D	P	F	U	A	N	P	W	P	O	B	E	S	U	R
A	M	K	L	K	S	V	R	K	M	P	I	L	O	R	I
P	Q	W	K	I	N	I	S	Ü	S	I	D	E	S	B	L
A	A	W	E	N	H	B	M	T	U	A	R	K	D	I	I
D	P	Q	S	I	E	M	O	O	T	O	R	T	O	I	N
T	M	E	K	S	A	K	U	Q	Ü	L	C	R	E	N	E
U	R	J	K	E	F	A	I	U	K	K	M	O	B	Z	P
U	N	H	O	V	C	O	I	Ä	T	S	A	N	C	S	V
L	B	F	N	Z	B	F	R	P	P	F	O	O	T	O	N
T	L	O	D	R	E	O	S	T	U	S	L	G	Z	V	J
O	T	B	M	I	H	U	Y	V	W	H	S	N	M	Z	R

AKU
SÜSINIK
KÜTUS
KUUMUS
DIISEL
ENTROOPIA
KESKKOND
BENSIIN
ELEKTRILINE
ELEKTRON
VESINIK
TÖÖSTUS
MOOTOR
TUUMA
FOOTON
REOSTUS
UUENDAV
PÄIKE
TURBIIN
TUUL

30 - Cuisine

R	O	C	P	D	A	G	L	U	P	I	G	Ö	Ö	S	E
G	E	W	W	H	E	A	J	R	H	B	I	H	U	A	H
T	R	A	N	T	J	U	U	Q	Z	B	S	S	P	L	F
S	I	I	B	I	P	A	M	P	A	Q	Z	K	U	V	E
P	Q	B	L	L	Õ	P	Z	O	M	E	N	D	R	R	K
B	E	F	L	L	M	L	U	S	I	K	A	D	K	Ä	A
R	E	T	S	E	P	T	W	E	G	U	N	C	F	T	N
K	I	M	L	Ü	K	N	V	Q	I	O	V	O	V	I	N
Ä	P	S	A	J	F	D	N	O	A	D	D	A	J	K	K
S	T	S	Ü	G	A	V	K	Ü	L	M	I	K	H	U	U
N	A	U	K	Q	W	Z	V	I	J	J	S	H	D	I	L
A	S	A	J	T	E	E	K	E	E	V	T	K	V	R	P
T	S	K	A	H	V	L	I	D	R	M	R	Z	N	N	K
V	O	C	B	R	T	L	L	L	E	S	Ü	R	T	B	F
F	O	I	G	K	D	B	N	O	A	I	V	F	A	T	K
B	V	B	T	U	K	L	A	K	D	A	W	D	C	E	D

SÖÖGIPULGAD
KAUSS
VEEKEETJA
SÜGAVKÜLMIK
NOAD
KANN
LUSIKAD
VÜRTSID
KÄSNA
AHI
KAHVLID
GRILL
KULP
TOIT
PURK
RETSEPT
KÜLMIK
SALVRÄTIK
PÕLL
TASS

31 - Corps Humain

P	A	H	K	L	U	U	A	H	W	V	L	Õ	P	U	W
E	E	L	H	S	U	Z	K	V	Y	E	Z	L	I	Q	R
E	P	F	A	J	S	N	Õ	Y	I	R	C	Õ	T	N	V
G	R	B	N	A	L	O	R	O	I	I	E	U	I	T	K
M	T	A	A	V	Õ	K	V	V	W	R	U	A	K	N	N
G	Q	M	U	K	U	S	Ü	D	V	H	J	L	A	E	O
J	D	F	T	A	G	L	Õ	Ü	I	D	O	U	Q	Q	U
B	B	G	Y	E	D	Z	U	Y	N	D	S	U	C	H	T
D	A	M	J	L	V	Ü	A	S	M	A	H	G	W	N	Q
F	W	P	N	W	G	D	S	A	R	N	R	Ä	W	I	K
B	E	L	F	Q	B	E	A	K	L	K	S	N	G	N	D
Q	S	J	F	R	K	O	J	Õ	J	A	Ä	O	U	A	F
M	T	L	F	E	R	H	U	H	I	S	J	S	B	K	S
B	P	C	F	S	H	J	H	T	O	J	I	D	I	S	K
S	Õ	R	M	L	M	H	U	U	L	E	D	G	S	H	O
N	P	Y	B	L	R	S	J	D	D	C	C	Y	K	T	Y

SUU
AJU
PAHKLUU
KAEL
KÜÜNARNUKK
SÜDA
SÕRM
KÕHT
ÕLG
PÕLV
HUULED
KÄSI
LÕUALUU
LÕUG
NINA
KÕRV
NAHK
VERI
PEA
NÄGU

32 - Biologie

V	A	I	O	Ü	R	B	M	E	O	G	M	G	T	W	L
A	U	N	I	S	E	E	T	N	Ü	S	O	T	O	F	H
L	A	S	A	B	M	Ü	Ü	S	N	E	U	W	U	A	O
K	J	C	Ü	T	I	O	P	W	R	E	B	M	A	K	R
B	A	U	S	M	O	Q	O	B	P	Z	K	U	J	I	M
C	T	P	H	D	B	O	M	S	N	F	O	T	A	L	O
N	E	U	R	O	N	I	M	S	U	Y	L	A	M	S	O
G	M	Q	D	B	F	P	O	I	L	N	L	T	O	U	N
D	I	R	E	T	K	A	B	O	A	Ä	A	S	O	D	P
J	U	O	P	S	P	A	N	Ü	S	R	G	I	R	O	T
R	N	O	O	I	S	T	U	L	O	V	E	O	J	O	U
N	A	D	G	Z	M	Z	K	U	I	J	E	O	J	L	Q
L	N	H	Q	D	O	M	Q	S	Q	H	N	N	Q	R	G
M	T	I	A	U	Q	U	Q	S	J	G	V	B	V	L	P
M	W	H	P	I	O	G	P	R	B	S	S	S	P	Y	V
M	K	R	K	Z	K	R	O	M	O	S	O	O	M	Z	N

ANATOOMIA
BAKTERID
KAMBER
KROMOSOOM
KOLLAGEEN
EMBRÜO
ENSÜÜM
EVOLUTSIOON
HORMOON
IMETAJA
MUTATSIOON
LOODUSLIK
NÄRV
NEURON
OSMOOS
FOTOSÜNTEES
VALK
ROOMAJA
SÜMBIOOS
SÜNAPS

33 - Épices

M	Q	S	D	K	V	I	H	K	K	S	O	H	H	M	L
U	P	A	H	A	P	R	Z	Ö	U	D	Q	V	I	A	A
S	L	K	S	N	V	E	N	Ö	Z	A	Z	K	Y	I	G
K	D	A	U	E	H	T	I	M	K	K	L	U	O	T	R
A	D	R	Q	E	Y	K	V	N	Q	I	O	S	K	S	I
A	F	D	F	L	M	B	N	E	H	R	O	B	Ü	E	T
T	L	E	P	I	P	A	R	D	F	P	S	L	K	Ü	S
P	H	M	V	A	N	I	L	L	C	A	A	U	Y	O	K
Ä	O	O	K	E	B	B	E	G	H	P	N	B	I	S	L
H	K	N	E	T	Q	S	I	R	D	N	A	I	R	O	K
K	E	A	G	L	Z	K	N	A	R	F	A	S	I	B	N
E	G	C	R	K	C	W	G	Y	F	B	N	H	Z	S	O
L	S	J	S	R	N	L	V	S	J	G	E	A	V	J	I
H	L	L	I	T	I	G	E	E	T	P	A	K	P	S	D
J	H	J	G	I	S	U	R	N	C	U	V	W	J	O	D
K	I	B	E	S	S	F	D	Z	H	T	J	B	D	M	J

HAPU
KÜÜSLAUK
KIBE
ANIISI
KANEEL
KARDEMON
KORIANDRI
KÖÖMNED
KARRI
APTEEGITILL
INGVER
MUSKAATPÄHKEL
SIBUL
PAPRIKA
PIPAR
LAGRITS
SAFRAN
MAITSE
SOOL
VANILL

34 - Agronomie

D	N	O	K	K	S	E	K	S	U	Y	R	C	Y	H	R
E	L	V	R	Ö	Ö	T	S	I	M	I	R	U	U	A	K
E	M	Z	Y	O	Ö	C	H	T	C	R	O	A	M	I	I
O	Q	Z	L	U	Q	G	E	E	Z	N	K	T	Z	G	P
R	I	Y	E	H	M	N	I	Ä	M	E	V	S	Z	U	T
L	M	U	L	D	V	I	I	V	A	U	E	A	L	S	S
B	D	G	E	Y	H	R	O	E	I	V	S	M	A	E	J
G	O	K	A	S	V	U	G	L	G	L	I	M	K	D	T
Y	N	G	G	T	K	U	P	U	R	O	J	T	E	H	O
T	E	A	D	U	S	C	I	U	E	E	K	A	L	R	O
P	Õ	L	L	U	M	A	J	A	N	D	U	S	D	M	T
M	A	A	E	L	U	N	L	D	E	N	M	E	E	S	M
R	E	O	S	T	U	S	L	J	L	T	Q	D	J	F	I
E	R	O	S	I	O	O	N	S	V	W	O	Y	C	P	N
C	G	D	Ö	K	O	L	O	O	G	I	A	I	D	Z	E
S	Ü	S	T	E	E	M	I	D	P	O	C	O	T	T	R

PÕLLUMAJANDUS
KASV
VESI
VÄETIS
KESKKOND
ÖKOLOOGIA
ENERGIA
EROSIOON
UURING
SEEMNED

KÖÖGIVILJAD
HAIGUSED
TOIT
REOSTUS
TOOTMINE
UURIMISTÖÖ
MAAELU
TEADUS
MULD
SÜSTEEMID

35 - Science

D	G	M	A	P	V	H	V	L	O	K	G	A	K	H	O
D	J	O	T	A	M	C	O	Y	R	R	C	N	E	Ü	S
M	O	L	E	K	U	L	I	D	G	V	T	D	E	P	A
I	N	M	L	I	L	Y	I	T	A	L	R	M	M	O	K
Z	V	I	M	S	T	A	M	T	N	S	K	E	I	T	E
G	M	D	W	Ü	F	R	B	N	I	E	A	D	L	E	S
W	H	R	G	Ü	E	E	S	U	S	R	W	N	I	E	E
S	Y	L	C	F	V	O	U	H	M	M	A	H	N	S	D
M	I	N	E	R	A	A	L	I	D	E	K	S	E	T	Z
K	L	I	I	M	A	A	T	K	S	E	A	D	K	N	H
C	W	Y	C	R	P	O	A	L	U	T	T	W	Q	U	F
L	I	I	S	S	O	F	A	T	D	O	S	P	V	H	S
L	A	K	F	A	K	T	V	Y	O	D	E	I	A	J	T
I	C	B	P	R	G	E	Z	H	O	M	D	O	Y	A	T
D	S	N	O	O	I	S	T	U	L	O	V	E	G	S	B
I	J	Y	E	R	K	G	T	E	A	D	L	A	N	E	D

AATOM
KEEMILINE
KLIIMA
ANDMED
KATSE
EVOLUTSIOON
FAKT
FOSSIIL
RASKUS
HÜPOTEES
LABOR
MEETOD
MINERAALID
MOLEKULID
LOODUS
VAATLUS
ORGANISM
OSAKESED
FÜÜSIKA
TEADLANE

36 - Vêtements

K	S	U	U	L	P	P	Z	B	H	E	M	C	I	V	G
S	A	E	Y	H	I	O	O	M	V	V	L	A	U	Ö	P
T	J	M	E	B	C	Z	A	S	A	Q	R	R	W	Ö	Q
C	D	Z	P	L	Y	A	K	W	Q	A	W	P	H	O	J
M	B	U	O	S	I	D	I	Z	N	L	T	Z	E	Q	U
D	I	V	J	J	U	K	N	L	A	U	N	U	Z	W	O
K	U	O	D	U	E	N	D	O	O	M	G	R	G	T	G
U	A	G	A	K	M	J	A	T	H	M	Q	Õ	E	A	C
O	M	W	P	C	C	H	D	E	R	Ü	I	V	Z	R	Y
S	A	N	D	A	A	L	I	D	M	T	C	E	N	E	C
E	A	K	Q	B	Y	L	T	Y	A	S	G	Ä	M	L	H
K	Ž	C	I	C	U	Õ	E	O	N	P	Ü	K	S	I	D
C	D	C	K	N	N	P	K	M	T	C	E	I	U	R	E
D	I	F	M	J	G	D	S	E	E	K	A	L	E	A	K
R	P	Y	D	U	D	A	A	Q	L	L	A	S	I	P	Y
B	P	S	Ä	R	K	K	D	U	D	K	L	E	I	T	O

KÄEVÕRU
VÖÖ
MÜTS
KINGA
SÄRK
PLUUS
KAELAKEE
SALL
KINDAD
TEKSAD
SEELIK
MANTEL
MOOD
PÜKSID
KAMPSUN
PIDŽAAMA
KLEIT
SANDAALID
PÕLL
JOPE

37 - Arts Visuels

V	L	J	S	O	L	K	A	M	Z	E	L	K	M	G	F
F	A	G	N	Ü	S	E	T	O	F	M	Q	L	E	P	Y
B	K	U	O	T	S	M	F	L	T	E	P	O	I	H	R
U	K	L	R	Z	P	I	R	B	T	O	G	O	S	O	O
W	Š	A	B	L	O	O	N	E	O	B	F	V	T	O	C
V	I	I	T	K	E	P	S	R	E	P	I	U	R	L	Z
S	I	T	S	O	O	K	I	T	P	M	L	S	I	N	L
T	A	H	A	V	J	I	B	I	E	G	M	P	T	A	N
A	K	V	S	O	R	N	L	I	P	C	Q	N	E	A	D
I	B	L	I	S	F	T	T	R	Y	A	T	V	O	G	Y
I	B	T	L	L	E	S	Y	K	J	F	F	R	S	W	A
L	B	R	A	P	V	N	S	K	U	L	P	T	U	U	R
P	I	N	A	S	T	U	K	E	R	A	A	M	I	K	A
K	N	Z	M	Y	B	K	U	E	C	H	V	D	P	M	I
A	R	H	I	T	E	K	T	U	U	R	M	P	F	U	S
J	S	S	H	E	H	U	D	F	P	O	R	T	R	E	E

ARHITEKTUUR
SAVI
KUNSTNIK
KERAAMIKA
SÜSI
MEISTRITEOS
MOLBERT
VAHA
KOOSTIS
KRIIT
PLIIATS
LOOVUS
FILM
MAALI
PERSPEKTIIV
FOTO
ŠABLOON
PORTREE
SKULPTUUR
LAKK

38 - Méditation

R	P	V	T	T	G	I	Y	V	V	D	E	I	R	F	L
U	A	O	V	A	I	M	N	E	A	G	M	V	S	I	I
P	Y	H	O	L	Z	P	P	V	S	A	O	B	U	Z	I
F	R	D	U	S	A	I	P	J	T	T	T	G	R	T	K
L	A	O	H	L	K	L	M	V	U	L	S	E	L	P	U
P	H	Q	A	A	I	F	Q	I	V	G	I	N	O	D	M
S	U	G	L	E	S	K	J	I	Õ	W	O	A	M	U	I
E	V	M	Q	T	U	N	Ä	T	T	Y	O	G	V	Q	N
B	N	S	E	O	U	K	T	K	T	R	N	L	A	C	E
H	I	N	G	A	M	I	N	E	Q	U	E	U	I	L	Z
H	L	V	U	I	U	N	A	P	E	L	E	H	Ä	T	N
E	O	A	S	T	L	D	E	S	U	M	U	J	R	A	H
A	O	I	P	Z	S	V	O	R	V	A	A	T	L	U	S
D	D	K	M	A	V	A	L	E	V	K	R	Ä	Q	L	E
U	U	U	I	R	M	Q	A	P	O	K	B	S	Z	M	K
S	S	S	I	V	T	P	U	K	Q	O	V	V	H	A	C

VASTUVÕTT
TÄHELEPANU
RAHULIK
SELGUS
KAASTUNNE
EMOTSIOONE
ÄRKVEL
HEADUS
TÄNU
HARJUMUSED
VAIMNE
LIIKUMINE
MUUSIKA
LOODUS
VAATLUS
RAHU
PERSPEKTIIV
POOS
HINGAMINE
VAIKUS

39 - Littérature

G	T	Y	S	Ü	Ü	L	A	N	A	V	E	Q	J	R	F
T	D	Q	T	O	O	D	K	E	N	A	D	Y	D	I	R
V	A	A	I	D	Ö	Ö	G	A	R	T	D	P	I	I	U
R	Õ	U	I	J	Ä	R	E	L	D	U	S	V	A	M	W
O	O	R	L	Z	P	I	V	J	Z	G	U	J	L	W	C
T	M	M	D	J	R	D	U	A	U	U	D	F	O	Q	V
U	E	S	A	L	U	D	R	J	P	L	L	Q	O	H	V
A	T	W	G	A	U	T	H	U	W	U	E	Q	G	D	T
T	A	L	R	J	N	S	U	T	N	L	J	U	Q	Z	V
G	F	N	N	R	L	O	D	S	N	E	R	Y	D	H	K
K	O	D	H	Q	F	N	O	I	T	C	I	F	B	Q	F
Y	O	L	U	U	L	E	T	U	S	A	K	R	R	T	U
R	R	W	L	M	G	O	N	R	O	M	J	C	Ü	L	F
P	O	E	E	T	I	L	I	N	E	R	Z	A	T	C	D
A	E	Q	I	F	Q	W	Y	E	B	R	T	G	M	S	H
T	E	E	M	A	A	N	A	L	O	O	G	I	A	N	L

ANALOOGIA
ANALÜÜS
ANEKDOOT
AUTOR
ELULUGU
VÕRDLUS
JÄRELDUS
KIRJELDUS
DIALOOG
FICTION
METAFOOR
JUTUSTAJA
LUULETUS
POEETILINE
RIIM
ROMAAN
RÜTM
STIIL
TEEMA
TRAGÖÖDIA

40 - Nourriture #1

P	L	A	E	E	Q	N	A	U	S	Z	C	D	T	T	Z
N	C	P	K	I	A	R	Z	J	K	N	W	W	S	G	J
O	J	E	E	N	M	V	T	S	A	U	E	C	P	T	U
V	V	K	W	R	S	H	Z	E	N	R	I	P	I	A	K
C	N	I	I	H	I	O	T	Z	E	D	D	H	N	N	V
M	A	H	L	G	R	K	O	K	E	I	N	O	A	C	M
P	I	I	M	D	E	F	S	L	L	S	A	O	T	V	H
K	T	D	M	T	A	L	A	S	U	T	G	P	V	S	I
U	Ü	W	U	G	N	Z	K	J	B	I	R	W	U	B	F
O	I	Ü	S	P	H	B	I	W	I	C	O	L	F	B	V
B	B	M	S	A	B	A	S	N	S	Z	P	S	R	L	H
H	F	L	E	L	L	B	A	A	A	N	P	T	E	I	I
I	O	T	B	I	A	L	A	K	I	N	U	U	T	H	J
L	Y	J	A	F	R	U	M	M	N	V	S	J	M	A	O
S	U	H	K	U	R	W	K	I	L	I	I	S	A	B	A
I	H	D	Z	M	J	J	V	O	L	L	V	H	I	E	B

KÜÜSLAUK
BASIILIK
KOHV
KANEEL
PORGAND
SIDRUN
SPINAT
MAASIKAS
MAHL
PIIM
NAERIS
SIBUL
ODRA
PIRN
SALAT
SOOL
SUPP
SUHKUR
TUUNIKALA
LIHA

41 - Jours et Mois

P	Ü	H	A	P	Ä	E	V	N	V	E	Z	F	J	T	W
S	Z	D	P	O	J	S	O	E	E	S	E	A	A	C	J
S	W	B	O	L	R	P	P	L	E	M	E	B	A	I	Y
L	A	U	P	Ä	E	V	H	J	B	A	E	S	N	C	R
Y	M	G	W	H	F	B	N	A	R	S	H	F	U	B	N
N	K	Ä	M	U	H	C	M	P	U	P	Z	O	A	F	Y
P	O	U	R	T	I	U	A	Ä	A	Ä	Z	P	R	A	J
K	W	V	U	T	B	M	M	E	R	E	I	G	E	M	Y
O	Q	R	E	A	S	U	L	V	G	V	L	A	D	Ä	N
L	R	E	B	M	E	T	P	E	S	R	L	P	N	O	V
M	V	B	C	J	B	E	R	D	Z	E	I	K	E	A	W
A	W	O	Y	U	F	E	B	V	W	E	R	U	L	Y	T
P	Z	O	T	U	T	T	R	C	P	D	P	R	A	N	Z
Ä	L	T	P	N	J	U	U	L	I	E	A	H	K	N	R
E	D	K	E	I	T	E	I	S	I	P	Ä	E	V	I	Q
V	R	O	E	E	A	U	G	U	S	T	E	M	W	R	N

AUGUST
APRILL
KALENDER
PÜHAPÄEV
VEEBRUAR
JAANUAR
NELJAPÄEV
JUULI
JUUNI
ESMASPÄEV
TEISIPÄEV
MÄRTS
KOLMAPÄEV
KUU
NOVEMBER
OKTOOBER
LAUPÄEV
NÄDAL
SEPTEMBER
REEDE

42 - Jardinage

E	S	V	S	U	T	S	U	M	N	V	A	H	C	V	U
K	F	V	I	Ö	V	I	L	J	A	P	U	U	A	E	D
S	R	H	Õ	U	Ö	Y	G	Q	K	Z	Y	Q	E	Y	V
O	R	M	G	N	G	D	C	K	F	M	G	G	U	V	S
O	G	G	H	V	R	U	A	M	I	I	L	K	P	K	E
T	E	B	E	J	M	Q	Q	V	G	G	B	U	U	K	E
I	E	N	I	L	I	N	A	A	T	O	B	B	V	D	M
L	R	T	K	R	N	G	K	I	T	S	E	H	E	L	N
I	P	G	F	R	E	N	I	E	T	N	O	K	Q	C	E
N	U	V	Z	A	M	U	L	D	W	N	C	P	M	H	D
E	L	E	H	T	T	O	O	Õ	B	C	I	M	M	J	L
L	I	I	K	M	W	T	O	I	S	E	V	I	Z	O	M
N	I	I	S	K	U	S	V	E	Q	G	H	K	R	C	K
G	H	O	O	A	J	A	L	I	N	E	C	Q	V	Y	W
N	V	O	Y	K	U	K	O	R	K	R	P	H	I	N	G
O	Z	U	U	F	V	R	U	T	V	E	T	I	Q	N	A

BOTAANILINE
KIMP
KLIIMA
SÖÖDAV
KOMPOST
VESI
LIIK
EKSOOTILINE
LEHESTIK
LEHT
ÕIS
ÕIE
SEEMNED
NIISKUS
KONTEINER
HOOAJALINE
MUSTUS
MULD
VOOLIK
VILJAPUUAED

43 - Entreprise

Ö	K	O	N	O	O	M	I	K	A	V	R	I	K	K	K
V	I	D	S	E	V	A	J	D	N	A	Ö	Ö	T	A	O
O	O	A	C	I	E	J	K	R	D	L	P	D	S	U	N
P	Q	Y	R	H	S	L	C	S	J	U	L	U	K	P	T
O	T	E	H	A	S	S	A	D	F	U	K	S	U	I	O
O	U	T	U	I	G	N	E	R	T	T	A	K	T	N	R
D	W	N	Q	I	Y	C	L	T	V	A	S	A	E	V	K
T	Ö	Ö	T	A	J	A	U	M	U	E	U	M	H	E	A
M	S	C	L	E	H	W	C	Ü	F	L	M	J	I	S	R
Z	F	B	T	T	P	A	D	Ü	V	B	E	P	N	T	J
D	M	Q	F	T	J	V	R	K	F	U	L	K	G	E	Ä
D	V	D	C	E	R	A	H	A	N	D	U	S	T	E	Ä
G	U	A	A	V	T	F	K	Z	I	N	M	I	D	R	R
N	N	R	I	Õ	K	K	Z	I	R	K	R	F	E	I	V
E	H	K	D	T	E	Q	B	J	Z	E	E	G	Y	N	S
F	E	P	I	E	L	P	K	O	O	S	C	K	E	G	B

RAHA
POOD
EELARVE
KONTOR
KARJÄÄR
KULU
VALUUTA
TÖÖANDJA
TÖÖTAJA
ETTEVÕTE
ÖKONOOMIKA
RAHANDUS
MAKSUD
INVESTEERING
KAUP
KASUM
SISSETULEK
TEHING
TEHAS
MÜÜK

44 - Activités

J	R	S	R	C	Q	I	H	J	M	Z	O	V	Y	Q	P
A	I	U	E	Õ	M	J	U	P	O	M	T	M	M	F	R
M	V	T	K	G	Õ	N	V	F	O	G	P	G	A	G	R
T	D	S	K	Y	T	M	I	I	R	O	P	U	A	Z	S
R	E	A	C	U	V	L	D	C	N	R	J	J	G	G	V
A	Y	G	A	E	N	I	M	I	K	L	E	T	I	G	B
K	M	Õ	E	M	V	S	U	K	S	O	W	T	A	M	S
Ü	D	Õ	Z	V	H	P	T	H	A	J	R	Y	L	E	C
Ü	D	L	J	U	U	H	Õ	M	B	L	E	M	I	N	E
P	N	Q	V	W	M	S	J	W	A	A	N	K	A	I	T
A	I	A	N	D	U	S	I	E	V	A	I	Ä	M	M	T
L	P	L	F	M	V	T	Y	U	E	M	M	S	Ä	A	H
A	P	R	S	W	T	B	I	S	D	W	E	I	N	K	O
K	Z	H	F	L	A	O	K	G	W	S	G	T	G	T	S
F	O	T	O	G	R	A	A	F	I	A	U	Ö	U	A	F
K	E	R	A	A	M	I	K	A	H	Q	L	Ö	D	M	U

TEGEVUS
KUNST
KÄSITÖÖ
TELKIMINE
KERAAMIKA
JAHT
OSKUS
ÕMBLEMINE
HUVID
AIANDUS
MÄNGUD
LUGEMINE
VABA
MAAGIA
MAAL
KALAPÜÜK
FOTOGRAAFIA
RÕÕM
MATKAMINE
LÕÕGASTUS

45 - Fleurs

K	G	G	F	C	Q	Y	K	M	N	C	V	V	S	L	J
H	N	F	N	V	K	A	I	N	E	E	D	R	A	G	H
J	A	S	M	I	I	N	M	Q	S	U	N	G	H	I	U
F	F	M	Z	E	O	L	P	N	U	G	A	M	I	N	U
K	R	O	O	N	L	E	H	T	O	S	I	M	B	J	J
M	M	Q	Y	L	C	G	V	U	R	C	L	M	I	Z	C
N	R	O	O	S	I	A	Z	N	H	J	O	J	S	V	C
A	D	N	W	D	I	L	U	B	I	G	O	P	K	G	F
R	R	K	U	R	I	A	L	R	D	E	N	Ä	V	O	F
T	I	B	L	U	T	W	D	A	E	H	G	E	G	V	T
S	S	L	L	Q	M	C	L	I	E	D	A	V	J	N	N
I	T	V	V	Õ	I	L	I	L	L	V	M	A	I	O	Z
S	I	S	F	Z	S	K	O	I	M	C	Q	L	M	E	P
S	K	M	Z	I	T	H	B	I	Q	T	F	I	P	V	H
K	A	N	N	A	T	U	S	L	I	L	L	L	J	Z	Z
L	A	V	E	N	D	E	L	Z	V	W	F	L	I	U	G

KIMP
GARDEENIA
HIBISK
JASMIIN
NARTSISS
LAVENDEL
LILLA
LIILIA
MAGNOOLIA
DAISY
ORHIDEE
KANNATUSLILL
UNIMAGUN
KROONLEHT
VÕILILL
POJENG
ROOS
PÄEVALILL
RISTIK
TULBI

46 - Nourriture #2

N	A	A	Ž	A	L	K	A	B	A	M	B	T	G	R	K
U	I	T	E	N	E	T	O	M	A	T	J	H	V	U	B
Õ	L	S	C	U	D	T	J	P	Q	O	N	Z	H	V	Z
Q	O	C	U	M	N	E	E	S	A	I	L	S	P	I	W
P	K	O	S	N	A	A	N	A	B	U	H	K	G	U	O
L	K	N	M	R	M	C	C	T	K	Y	U	S	S	N	K
E	O	H	B	E	I	V	I	I	K	I	P	S	I	V	D
O	R	H	Z	L	M	I	G	O	K	V	R	E	N	Z	N
C	B	I	E	L	H	B	S	L	E	M	B	S	K	R	G
T	A	M	G	E	Š	O	K	O	L	A	A	D	S	T	V
E	Z	W	E	S	B	G	Q	P	B	N	K	A	Y	C	I
D	D	B	Y	V	F	N	I	F	D	A	Z	D	I	C	O
E	D	K	K	B	M	A	Q	F	A	K	L	K	A	L	A
Q	G	N	I	Q	N	M	F	G	P	M	C	P	K	P	S
I	H	V	I	I	N	A	M	A	R	J	A	M	A	Q	K
F	Z	S	A	V	Q	S	S	A	I	C	E	R	Y	T	K

MANDEL
BAKLAŽAAN
BANAAN
NISU
BROKKOLI
KIRSS
SELLER
SEEN
ŠOKOLAAD
SINK
KIIVI
MANGO
MUNA
LEIB
KALA
ÕUN
KANA
VIINAMARJA
RIIS
TOMAT

47 - Algèbre

R	N	D	S	K	I	R	T	A	A	M	L	H	T	N	B
T	E	A	U	D	A	C	F	J	F	E	I	P	E	F	K
Q	J	N	L	W	L	Q	O	U	P	E	N	W	G	Y	V
E	U	K	G	I	U	V	P	T	Z	L	E	U	U	Z	Õ
F	V	J	J	W	Y	Q	N	U	S	B	A	G	R	D	R
E	R	O	F	A	B	G	Z	U	B	O	A	M	J	U	R
L	A	A	V	M	E	N	O	M	V	R	R	A	F	Q	A
Õ	K	C	K	A	S	K	L	K	B	P	N	S	Y	M	N
P	O	W	I	T	L	H	S	U	D	N	E	H	A	L	D
M	G	M	F	S	S	E	F	P	R	Y	C	O	B	Q	C
A	U	U	A	U	K	I	M	R	O	U	A	A	F	W	J
T	S	F	A	S	T	A	O	G	V	N	S	K	E	E	M
U	Q	G	R	T	U	Y	Z	O	C	Z	E	C	M	L	O
N	N	Q	G	H	N	U	L	L	N	Y	H	N	I	A	H
G	U	E	N	I	M	A	T	U	H	A	L	H	T	V	D
B	M	T	F	L	Z	Y	K	I	J	W	U	K	D	A	Z

SKEEM
EKSPONENT
VÕRRAND
TEGUR
VALE
VALEM
FRAKTSIOON
GRAAFIK
LÕPMATU
LINEAARNE
MAATRIKS
ARV
SULG
PROBLEEM
KOGUS
LIHTSUSTAMA
LAHENDUS
LAHUTAMINE
MUUTUJA
NULL

48 - Océan

I	K	D	A	N	K	A	H	E	K	S	A	J	A	L	G
S	U	U	D	E	M	V	A	A	L	U	A	Z	N	K	K
W	A	L	B	P	I	L	E	G	Q	A	R	G	S	L	A
S	I	J	A	G	N	S	A	G	A	D	Y	R	Ä	S	L
C	O	S	R	T	U	U	N	I	K	A	L	A	K	K	A
N	K	L	K	E	H	V	F	R	O	K	Q	E	F	R	L
L	D	C	F	F	G	H	H	A	E	I	A	H	E	A	G
K	I	L	P	K	O	N	N	K	L	T	A	A	P	B	Q
K	T	O	F	L	I	S	A	N	I	E	S	L	K	I	A
A	E	O	Z	B	B	S	V	N	V	V	R	U	D	P	E
B	V	S	K	Q	S	S	F	U	D	E	N	I	A	L	Z
D	E	T	O	O	H	Q	N	Q	P	R	T	K	Y	I	N
F	R	O	F	S	R	F	R	V	E	E	A	A	S	Y	J
H	K	R	R	L	T	A	K	G	Q	M	H	V	R	F	B
Z	Z	M	L	F	B	V	L	G	S	V	U	O	K	A	S
O	E	H	B	K	I	C	E	L	D	E	L	F	I	I	N

MEREVETIKAD
ANGERJAS
VAAL
PAAT
KORALL
KRABI
KREVETID
DELFIIN
KÄSNA
AUSTER
MEDUUS
KALA
KAHEKSAJALG
HAI
KARI
SOOL
TORM
TUUNIKALA
KILPKONN
LAINED

49 - Remplir

S	A	H	T	E	L	P	P	V	V	Y	K	Z	I	L	K
M	I	W	P	J	C	A	T	S	U	A	K	A	R	Y	A
K	E	G	T	N	U	K	A	C	O	Q	I	S	S	Z	R
P	O	T	Ü	N	N	E	D	L	K	Y	R	T	C	T	P
J	Z	H	H	A	T	T	S	A	K	M	B	P	M	Q	I
T	G	M	V	V	R	O	K	S	D	H	M	O	U	A	J
M	Y	L	L	E	U	L	U	P	Y	H	Ü	O	K	R	V
Y	G	L	A	A	R	E	B	M	Ä	F	T	G	S	M	K
C	B	T	S	L	O	D	E	O	W	B	F	T	A	U	M
A	D	N	A	P	T	U	T	E	Q	C	I	B	T	C	K
H	V	W	A	W	N	P	L	F	L	G	L	Z	F	Q	O
N	Z	A	V	S	A	V	M	P	U	U	F	M	G	U	O
K	O	T	T	U	F	B	Q	M	I	W	W	Q	L	A	K
W	K	S	F	H	P	S	J	V	I	V	U	B	Y	V	Q
B	U	E	V	P	R	W	P	V	F	D	R	P	Y	A	Q
Q	Z	R	S	Y	R	E	Z	W	D	H	Z	J	A	K	R

VANN
TÜNN
KAST
PUDEL
KASTI
KARP
KAUSTA
ÜMBRIK
LAEV
KORV
PAKET
SALV
TASKU
PURK
KOTT
ÄMBER
SAHTEL
TORU
KOHVER
VAAS

50 - Antiquités

Z	D	O	J	H	H	M	N	K	R	S	D	S	S	V	L
Z	Q	E	N	I	M	A	T	S	A	A	T	K	A	A	U
E	W	T	Y	N	N	U	L	E	Y	G	A	U	J	N	F
V	T	S	G	D	D	I	D	N	Ü	M	W	L	A	A	T
P	C	N	E	S	S	H	I	N	U	Ö	O	P	N	O	L
E	N	U	L	S	L	J	L	I	V	Ö	G	T	D	R	K
A	L	K	I	L	I	R	A	H	A	B	E	U	E	E	V
M	U	E	S	G	I	O	A	H	H	E	G	U	W	L	A
M	S	T	G	P	T	S	M	T	M	L	O	R	O	Y	L
M	R	F	E	A	S	J	M	T	V	E	H	T	E	D	I
H	H	W	C	N	N	M	Q	W	Ä	H	C	Y	U	H	T
Q	R	D	Q	K	T	T	L	P	Ä	M	E	C	E	U	E
O	K	S	J	O	N	N	N	L	R	D	M	U	E	D	E
K	O	Z	G	N	I	R	E	E	T	S	E	V	N	I	T
G	A	L	E	R	I	I	G	V	U	Q	F	S	A	L	A
P	H	L	C	F	O	K	I	M	S	V	A	E	T	Y	O

KUNST
AUTENTNE
EHTED
OKSJON
ELEGANTNE
GALERII
EBAHARILIK
INVESTEERING
MÖÖBEL
MAALID
MÜNDID
HIND
KVALITEET
TAASTAMINE
SKULPTUUR
SAJAND
STIIL
VÄÄRTUS
VANA

51 - Boxe

K	P	R	P	I	Y	L	L	V	U	V	W	Y	B	N	Z
E	D	V	A	S	T	A	N	E	Õ	I	D	B	I	D	I
H	W	D	R	A	M	W	L	B	J	I	M	D	A	W	H
A	R	U	Q	K	C	I	K	J	D	K	T	D	R	P	Y
H	F	P	H	I	L	U	F	E	L	B	I	L	B	L	J
C	E	Y	T	S	T	P	P	O	K	N	O	N	E	O	M
N	I	Y	D	U	V	F	G	O	Y	S	Y	B	D	J	F
C	L	O	E	R	Q	A	W	D	K	U	I	E	Z	A	A
S	N	Z	S	K	W	E	R	I	I	K	H	L	P	D	D
T	W	Q	U	K	I	N	U	T	H	O	K	L	U	M	E
U	K	O	T	R	U	W	W	K	O	O	M	G	G	Y	I
G	D	R	S	U	H	S	Y	N	K	F	E	O	E	E	Ö
E	H	R	A	N	Y	K	K	U	N	R	A	N	Ü	Ü	K
V	J	P	G	U	Õ	L	M	P	P	G	R	K	D	U	S
U	O	O	I	A	M	M	E	N	D	A	T	U	D	P	R
S	G	I	V	T	A	A	S	T	A	M	I	N	E	G	F

VASTANE
KOHTUNIK
VIGASTUSED
BELL
NURK
VÕITLEJA
OSKUS
FOOKUS
KÖIED
KEHA
KÜÜNARNUKK
KICK
AMMENDATUD
TUGEVUS
KINDAD
LÕUG
RUSIKAS
PUNKTID
KIIRE
TAASTAMINE

52 - Ballet

T	A	N	T	S	I	J	A	D	B	U	A	Z	L	O	K
L	K	J	G	B	M	Z	S	U	A	L	P	A	I	Z	U
E	I	W	O	Q	D	O	U	A	L	L	S	C	H	W	N
Z	N	Z	W	O	Y	P	K	F	E	K	U	D	A	B	S
K	H	K	D	K	L	E	S	F	R	L	S	J	S	H	T
O	E	W	N	M	A	I	O	N	I	L	V	H	E	V	I
R	T	C	F	Q	F	R	L	Z	I	H	I	F	D	P	L
E	N	D	L	P	K	T	Q	E	N	A	I	T	G	P	I
O	O	R	K	E	S	T	E	R	H	S	S	A	T	E	N
G	U	M	U	U	S	I	K	A	F	Y	N	V	D	A	E
R	Z	A	M	T	A	V	A	M	P	M	E	S	Z	P	H
A	S	S	Q	K	E	N	I	L	I	S	T	A	A	R	G
A	O	C	T	S	P	U	B	L	I	K	N	Ü	R	O	Y
F	O	D	A	I	K	B	I	G	J	M	I	N	R	O	Q
I	L	N	U	R	I	H	C	D	L	O	I	S	Z	V	S
A	O	Ž	E	S	T	L	V	E	T	E	F	J	T	H	H

APLAUS
KUNSTILINE
BALERIIN
KOREOGRAAFIA
OSKUS
HELILOOJA
TANTSIJAD
ŽEST
GRAATSILINE
INTENSIIVSUS
LIHASED
MUUSIKA
ORKESTER
TAVA
PUBLIK
PEAPROOV
RÜTM
SOOLO
STIIL
TEHNIKA

53 - Fruit

P	E	O	S	L	L	H	V	R	O	B	H	L	Q	E	N
I	V	I	I	N	A	M	A	R	J	A	C	W	L	Q	G
R	W	Z	Z	C	U	F	R	E	Z	U	M	N	R	P	D
N	L	W	V	P	Q	T	Z	M	B	T	J	D	S	Q	L
R	O	A	A	U	A	S	N	C	Q	A	S	Y	O	I	G
P	U	O	A	G	H	P	M	E	L	O	N	D	O	K	L
O	N	A	J	V	Q	Y	A	S	V	F	U	O	K	U	K
O	S	S	A	N	A	N	A	I	M	A	R	I	I	S	R
D	Q	P	U	H	Q	Y	D	A	A	S	I	D	R	U	N
A	E	I	G	K	P	C	A	H	L	E	S	N	P	I	A
A	I	U	C	Q	I	S	Õ	L	S	F	S	R	A	K	A
K	R	O	E	W	G	U	U	Ž	D	I	Q	J	I	I	N
O	G	N	A	M	B	K	N	N	I	V	V	C	N	K	A
V	I	R	S	I	K	V	A	A	R	I	K	A	S	E	B
A	F	A	N	E	K	T	A	R	I	I	N	A	G	M	Z
Y	T	J	T	U	N	B	F	O	Z	K	L	F	W	P	R

APRIKOOS
ANANASS
AVOKAADO
MARI
BANAAN
KIRSS
SIDRUN
JOON
VAARIKAS
GUAJAAV
KIIVI
MANGO
MELON
NEKTARIIN
ORANŽ
PAPAIA
VIRSIK
PIRN
ÕUN
VIINAMARJA

54 - Musique

V	H	A	R	M	O	O	N	I	L	I	N	E	M	A	V
T	A	M	L	U	A	L	B	I	Z	I	P	N	U	L	L
E	J	H	E	Y	U	C	L	C	Q	Q	U	I	U	B	H
M	L	L	E	N	I	L	I	M	T	Ü	R	L	S	U	W
P	U	C	T	N	S	M	Y	Q	W	J	D	I	I	M	J
O	A	B	G	K	D	H	K	N	O	F	O	R	K	I	M
M	L	Y	Z	O	A	D	D	C	J	I	F	Ü	A	E	C
R	E	H	A	R	M	O	O	N	I	A	F	Ü	L	G	R
V	Ü	L	Y	P	N	O	D	V	D	Y	K	L	I	N	C
O	N	T	O	W	H	N	L	G	A	P	D	P	N	E	O
K	V	N	M	O	U	B	K	K	A	Q	M	C	E	H	O
A	C	G	U	A	D	E	N	I	L	I	T	E	E	O	P
A	V	B	V	H	A	I	E	S	L	U	T	A	I	J	E
L	U	B	S	U	G	J	A	U	A	A	K	U	E	K	R
A	I	F	A	J	F	E	J	U	B	D	F	S	N	P	F
V	N	E	A	M	T	H	G	M	D	P	D	O	S	O	E

ALBUM
BALLAAD
LAULMA
LAULJA
HARMOONIA
HARMOONILINE
VAHEND
LÜÜRILINE
MELOODIA
MIKROFON
MUUSIKALINE
MUUSIK
OOPER
POEETILINE
RÜTM
RÜTMILINE
TEMPO
VOKAAL

55 - Météo

T	V	O	K	R	N	P	H	O	L	W	A	V	D	Q	P
A	A	R	Ä	Ä	F	S	O	M	T	A	T	U	C	W	K
E	R	A	H	U	L	I	K	L	U	U	T	R	D	H	W
V	Q	N	S	D	R	U	U	T	A	R	E	P	M	E	T
A	B	A	D	U	Õ	P	Y	O	D	A	A	N	R	O	T
S	C	A	Y	K	L	I	I	M	A	P	R	L	P	Ä	V
V	I	K	E	R	K	A	A	R	G	F	I	N	Y	I	S
I	J	R	G	E	M	I	U	O	T	S	M	L	E	K	K
S	M	O	P	E	R	A	F	T	N	E	U	P	V	E	G
N	A	E	N	I	L	I	P	O	O	R	T	S	Y	Z	M
Y	L	J	L	N	C	Z	D	Z	O	P	F	Z	Y	G	M
J	H	D	Y	I	A	M	O	R	S	O	O	G	Y	U	Z
O	V	W	G	P	H	Y	S	O	S	J	Y	N	J	M	Q
L	W	F	Y	V	E	T	V	R	U	F	W	K	Ä	R	R
D	A	A	Z	I	Y	J	N	F	M	T	N	Z	Ä	F	M
K	U	I	V	V	U	C	E	E	H	A	G	N	P	P	T

VIKERKAAR
ATMOSFÄÄR
IMELIHTNE
UDU
RAHULIK
TAEVAS
KLIIMA
JÄÄ
MUSSOON
PILV
ORKAAN
POLAARNE
KUIV
PÕUD
TEMPERATUUR
TORM
ÄIKE
TORNAADO
TROOPILINE
TUUL

56 - Gouvernement

R	B	Q	S	U	V	H	A	R	W	E	C	S	W	W	S
P	P	S	U	S	D	N	O	K	A	D	O	K	F	P	E
P	O	E	V	S	Ü	M	B	O	L	A	R	L	J	F	A
A	P	L	S	U	D	A	B	A	V	F	L	I	P	Y	D
A	S	A	I	T	A	A	R	K	O	M	E	D	I	V	U
Y	Z	B	E	I	W	K	A	G	P	L	K	G	K	K	S
L	V	Q	S	R	T	R	H	A	V	Õ	R	D	S	U	S
N	F	N	E	A	K	I	L	S	U	V	H	A	R	A	A
M	O	K	S	J	L	S	K	K	Õ	N	E	U	E	N	R
C	O	F	I	K	E	S	I	A	J	N	E	N	P	L	U
Q	A	N	N	S	N	O	L	T	S	I	V	I	I	L	T
D	E	S	U	G	I	Õ	U	Z	U	G	L	T	O	M	E
A	I	S	V	M	Q	C	H	C	G	K	E	L	B	N	L
P	C	Y	L	Z	E	S	A	N	I	Q	S	U	P	Q	U
I	G	S	R	N	G	N	R	O	Õ	N	E	M	O	B	Q
A	R	U	P	S	U	B	T	Õ	I	G	U	S	L	I	K

KODAKONDSUS
TSIVIIL
DEMOKRAATIA
KÕNE
ARUTELU
ÕIGUSED
VÕRDSUS
RIIK
ISESEISVUS
ÕIGUSLIK

ÕIGUS
VABADUS
SEADUS
MONUMENT
RAHVUS
RAHVUSLIK
RAHULIK
POLIITIKA
SÜMBOL

57 - Randonnée

M	V	N	Z	P	U	S	O	A	I	L	R	O	S	J	Y
L	E	E	I	S	K	K	N	I	P	O	S	R	D	D	Y
I	K	T	S	T	C	L	L	A	C	O	D	I	V	I	K
N	S	R	S	I	L	R	I	I	B	M	B	E	E	D	R
M	A	A	U	I	G	Ä	M	I	P	A	V	N	L	N	M
I	R	A	T	L	K	C	P	T	M	D	Ä	T	S	E	Z
M	G	K	S	P	A	R	K	U	O	A	S	A	H	H	Y
U	L	G	I	M	M	Q	L	H	I	P	I	T	M	U	L
W	V	P	M	Y	W	C	C	F	U	A	N	S	Y	J	L
U	Q	F	L	M	Q	J	R	P	G	A	U	I	O	L	O
A	O	N	A	A	R	Q	G	Ä	Q	S	D	O	D	Q	O
B	Q	C	V	J	H	W	B	I	W	R	S	O	K	T	D
R	Q	T	E	N	I	M	I	K	L	E	T	N	L	I	U
T	N	I	T	Z	P	D	V	E	F	K	A	L	J	U	S
G	B	T	T	R	Y	O	C	V	U	S	S	G	V	B	G
Y	P	H	E	N	I	M	U	T	H	O	K	P	P	I	T

LOOMAD
SAAPAD
TELKIMINE
KAART
KLIIMA
VESI
KALJU
VÄSINUD
JUHENDID
RASKE
ILM
MÄGI
LOODUS
ORIENTATSIOON
PARK
KIVID
ETTEVALMISTUS
METSIK
PÄIKE
TIPPKOHTUMINE

58 - Art

V	I	S	U	A	A	L	N	E	Z	P	L	L	K	S	K
I	N	S	P	I	R	E	E	R	I	T	U	D	E	S	O
T	D	U	I	V	U	N	Q	D	L	T	V	U	R	Ü	O
D	Q	D	I	Z	U	T	J	V	Z	S	D	G	A	R	S
F	M	N	L	A	T	H	O	A	Q	K	W	C	A	R	T
F	C	E	N	P	P	I	O	S	G	P	E	K	M	E	I
L	G	J	C	C	L	L	N	V	Ü	J	Z	K	I	A	S
U	P	L	M	Y	U	M	I	D	J	M	Y	U	K	L	P
K	C	Ä	U	O	K	G	S	C	U	B	B	H	A	I	M
L	U	V	K	U	S	A	U	U	L	F	E	O	C	S	O
F	C	J	P	J	L	M	A	V	F	S	D	O	L	M	N
S	K	R	U	U	Y	E	N	I	L	U	R	E	E	K	Q
A	U	S	A	T	M	E	I	S	I	K	L	I	K	D	B
K	U	N	W	U	A	T	M	A	A	L	I	D	S	F	I
P	P	V	H	D	U	D	O	R	I	G	I	N	A	A	L
A	E	A	U	Y	Y	E	A	I	C	D	F	O	B	W	G

KERAAMIKA
KEERULINE
KOOSTIS
LUUA
KUJUTADA
VÄLJENDUS
JOONIS
AUS
TUJU
INSPIREERITUD
ORIGINAAL
MAALID
ISIKLIK
LUULE
SKULPTUUR
LIHTNE
TEEMA
SÜRREALISM
SÜMBOL
VISUAALNE

59 - Nutrition

T	O	K	S	I	I	N	U	S	O	G	K	V	F	K	R
Y	E	V	Ü	R	T	S	I	D	G	L	V	I	N	A	U
S	N	E	C	J	N	J	B	J	Y	K	A	T	S	L	V
D	I	K	I	L	S	I	V	R	E	T	L	A	D	O	R
E	M	P	N	D	M	S	P	E	N	W	I	M	U	R	H
A	I	F	D	F	I	S	F	N	N	I	T	I	W	E	F
R	D	J	P	F	G	U	K	I	B	E	E	I	L	I	L
G	E	G	H	E	H	S	K	M	S	J	E	N	H	D	W
A	E	B	E	W	F	I	I	I	B	Q	T	Y	W	G	W
B	S	P	O	O	H	Z	T	R	S	M	A	I	T	S	E
V	A	L	G	U	D	R	T	Ä	K	E	H	L	Q	L	K
T	E	R	V	I	S	O	P	Ä	A	K	V	J	Z	A	Q
S	Ö	Ö	D	A	V	E	I	K	S	S	A	I	F	K	T
V	E	D	E	L	I	K	E	Q	T	V	Y	A	S	D	Z
S	V	M	N	P	W	L	Q	N	E	D	S	W	L	Ü	C
N	E	J	K	O	O	S	T	I	S	O	S	A	D	R	S

KIBE
ISU
KALOREID
SÖÖDAV
DIEET
SEEDIMINE
VÜRTSID
KÄÄRIMINE
SÜSIVESIKUID
KOOSTISOSAD
VEDELIKE
KAAL
VALGUD
KVALITEET
TERVISLIK
TERVIS
KASTE
MAITSE
TOKSIIN
VITAMIIN

60 - Créativité

K	I	M	F	F	V	K	B	T	M	I	K	L	G	G	O
W	I	U	Z	O	S	U	S	T	N	E	T	U	A	Q	S
P	B	L	F	E	V	N	H	F	K	D	V	U	W	D	K
G	J	J	D	M	J	S	U	D	N	E	J	L	Ä	V	U
O	P	E	I	I	R	T	V	E	S	N	L	E	V	R	S
C	V	L	E	Õ	E	I	O	S	P	I	E	L	G	S	I
G	V	Y	D	V	W	L	O	U	O	L	M	U	W	T	N
S	H	W	N	S	L	I	L	M	N	I	O	J	U	S	T
P	E	O	U	U	M	N	A	E	T	T	T	Õ	J	N	U
U	I	L	T	L	T	E	V	G	A	A	S	U	P	G	I
Z	L	L	G	T	B	T	U	Ä	A	A	I	D	J	I	T
P	N	P	T	U	H	U	S	N	N	M	O	U	P	B	S
P	A	T	R	J	S	N	H	U	N	A	O	J	L	K	I
W	W	U	I	U	N	N	P	O	E	R	N	G	H	B	O
K	C	D	U	K	K	E	Q	N	A	D	E	E	D	I	O
I	N	T	E	N	S	I	I	V	S	U	S	J	I	R	N

KUNSTILINE
AUTENTSUS
SELGUS
OSKUS
DRAMAATILINE
VÄLJENDUS
EMOTSIOONE
VOOLAVUS
IDEED
PILT
KUJUTLUSVÕIME
MULJE
INTENSIIVSUS
INTUITSIOON
LEIDLIK
TUNNE
TUNDEID
SPONTAANNE
NÄGEMUSED
ELUJÕUDU

61 - Science Fiction

P	R	U	T	C	L	C	N	O	O	I	S	U	L	L	I
L	K	E	R	W	H	E	N	A	R	Ä	P	A	L	A	S
A	N	I	A	I	I	M	O	T	A	A	N	E	R	K	F
N	Y	E	N	L	L	Z	O	D	A	J	K	N	O	U	U
E	J	R	V	O	I	R	M	R	K	H	K	I	B	J	T
E	B	J	R	U	E	S	G	G	E	E	R	L	O	U	U
T	R	I	B	H	Q	K	T	A	L	K	K	I	T	T	R
I	F	K	F	L	Q	A	K	L	L	G	H	T	I	E	I
Ä	Ä	R	M	U	S	L	I	K	I	A	L	S	D	L	S
P	L	A	H	V	A	T	U	S	A	K	K	A	F	D	T
T	E	H	N	O	L	O	O	G	I	A	E	T	P	A	L
T	U	L	E	K	A	H	J	U	P	A	O	N	I	V	I
R	A	A	M	A	T	U	D	U	O	U	S	A	T	K	K
M	A	A	I	L	M	Q	V	I	O	Z	T	F	O	I	A
N	C	Y	I	I	V	Z	V	J	T	U	Y	E	B	V	V
S	T	S	E	N	A	A	R	I	U	M	G	N	C	K	N

AATOMI
KINO
PLAHVATUS
ÄÄRMUSLIK
FANTASTILINE
TULEKAHJU
FUTURISTLIK
GALAKTIKA
ILLUSIOON
KUJUTELDAV
RAAMATUD
MAAILM
SALAPÄRANE
ORAAKEL
PLANEET
REALISTLIK
ROBOTID
STSENAARIUM
TEHNOLOOGIA
UTOOPIA

62 - Professions #1

O	F	T	K	A	R	T	O	G	R	A	A	F	G	J	S
Y	P	Q	O	J	V	R	U	O	R	B	O	P	E	U	U
I	V	A	K	I	N	T	S	N	U	K	D	S	O	V	U
Y	G	R	V	S	M	T	E	Y	K	N	G	Ü	L	E	R
H	N	S	E	T	S	E	Y	Y	N	G	M	H	O	L	S
Q	T	T	H	N	Y	D	T	J	A	S	U	H	O	I	A
U	G	M	H	A	D	Õ	T	A	P	I	U	O	G	I	A
Z	U	R	P	T	K	T	I	R	J	G	S	L	M	R	D
T	O	R	U	M	E	E	S	C	E	A	I	O	O	B	I
P	Y	J	A	H	I	M	E	E	S	E	K	O	O	P	K
U	I	T	E	A	D	L	A	N	E	H	N	G	N	H	G
P	A	A	O	U	P	G	O	B	G	M	P	E	O	I	F
T	O	M	N	A	D	J	W	S	C	F	S	J	R	Z	S
K	E	G	F	I	Y	D	G	P	C	W	M	O	T	B	M
O	R	Y	A	T	S	M	C	Y	D	E	D	T	S	F	W
B	O	P	D	B	C	T	A	D	V	O	K	A	A	T	A

SUURSAADIK
KUNSTNIK
ASTRONOOM
ADVOKAAT
PANKUR
JUVELIIR
KARTOGRAAF
JAHIMEES
TANTSIJA
TREENER
TOIMETAJA
GEOLOOG
ÕDE
ARST
MUUSIK
PIANIST
TORUMEES
PSÜHHOLOOG
TEADLANE

63 - Géologie

M	Y	P	K	B	W	B	V	A	F	W	D	S	G	Q	N
O	Q	D	D	G	A	A	U	P	E	C	K	T	P	S	T
N	N	G	R	S	U	M	L	H	A	P	E	A	V	A	L
R	P	U	K	R	D	T	K	Q	L	M	C	L	M	B	O
C	U	M	R	N	P	I	A	S	U	P	L	A	I	O	O
O	C	W	D	I	L	L	A	T	S	I	R	K	N	O	S
H	T	V	C	K	E	K	N	J	R	I	W	T	E	K	K
J	Q	S	O	K	G	K	O	K	I	H	T	I	R	P	V
K	O	R	A	L	L	A	O	N	R	V	P	I	A	U	A
U	Q	G	V	D	Q	L	I	F	T	W	I	T	A	F	R
L	B	Y	J	D	J	T	S	A	O	I	K	K	L	K	T
B	F	Y	F	N	P	S	O	T	O	S	N	L	I	O	S
G	E	I	S	E	R	I	R	S	T	R	S	E	D	S	F
E	G	T	O	S	H	U	E	O	A	B	B	I	N	Y	Q
K	I	V	W	S	J	M	Q	O	L	T	M	J	I	T	L
T	Z	Z	F	J	R	O	R	N	P	Z	M	G	O	L	V

HAPE
KALTSIUM
KOOBAS
KONTINENT
KORALL
KIHT
KRISTALLID
EROSIOON
SULA
FOSSIIL
GEISER
LAVA
MINERAALID
KIVI
PLATOO
KVARTS
SOOL
STALAKTIIT
VULKAAN
TSOON

64 - Jardin

I	Y	L	I	H	I	E	Q	S	M	E	G	H	P	G	O
Y	C	P	K	Q	Z	S	T	A	C	W	T	C	A	Z	D
O	Q	U	R	U	M	Y	E	N	E	Q	I	P	F	T	Q
P	M	U	M	V	N	N	R	N	J	J	I	N	P	L	G
J	I	Y	D	I	T	E	R	V	N	N	K	L	I	L	L
A	R	N	O	I	C	D	A	S	M	N	N	V	H	D	P
D	E	E	K	N	W	E	S	V	O	O	L	I	K	C	Y
T	D	D	T	A	P	A	S	M	O	E	S	K	N	Y	P
U	A	U	A	P	Õ	U	E	I	M	Q	C	G	M	K	D
U	M	S	R	U	Õ	U	A	U	E	T	T	A	U	Y	Z
T	Q	B	A	U	S	P	B	E	F	E	H	R	L	B	M
A	M	S	R	Ž	A	A	R	A	G	V	I	W	D	R	H
B	W	L	M	O	S	J	V	E	R	A	N	D	A	E	O
L	J	B	R	F	H	L	E	V	H	Ü	K	K	H	H	N
N	I	O	E	B	I	I	J	Y	C	N	R	Q	B	A	Y
L	A	F	E	N	C	V	V	Õ	R	K	K	I	I	K	D

PUU	UMBROHI
PINK	KÜHVEL
PÕÕSAS	VERANDA
TARA	REHA
TIIK	MULD
LILL	TERRASS
GARAAŽ	BATUUT
VÕRKKIIK	VOOLIK
MURU	VILJAPUUAED
AED	VIINAPUU

65 - Santé et Bien Être #1

R	E	F	L	E	K	S	B	A	S	B	P	N	O	L	U
T	C	B	T	Z	J	C	R	A	P	I	F	U	C	I	B
L	Õ	Õ	G	A	S	T	U	S	K	T	K	V	K	H	H
H	N	P	L	R	U	A	N	F	H	T	E	J	M	A	O
A	U	Y	Ä	M	G	K	G	A	R	S	E	E	K	S	R
R	A	C	N	O	R	T	K	L	H	C	Y	R	K	E	M
J	P	M	C	S	Õ	I	G	W	N	K	W	E	I	D	O
U	Y	M	B	Y	K	I	L	Q	Q	E	P	N	R	D	O
M	I	V	A	R	P	V	G	R	A	M	S	T	S	A	N
U	K	E	N	E	L	N	I	W	U	R	A	V	I	R	I
S	U	R	I	I	V	E	L	U	U	M	U	R	D	S	D
V	I	G	A	S	T	U	S	P	O	O	S	J	U	T	P
P	B	Q	L	C	R	F	F	K	E	P	W	B	U	O	C
K	L	I	I	N	I	K	N	N	N	Y	I	Z	L	W	C
S	J	T	P	I	R	D	I	Z	I	P	Q	B	A	L	L
Q	O	J	Y	Q	B	N	I	J	U	Z	W	A	L	L	B

AKTIIVNE
BAKTERID
VIGASTUS
KLIINIK
NÄLG
LUUMURD
HARJUMUS
KÕRGUS
HORMOONID
ARST

RAVIM
LIHASED
LUUD
NAHK
APTEEK
POOS
LÕÕGASTUS
REFLEKS
RAVI
VIIRUS

66 - Barbecues

S	D	E	S	P	A	L	E	M	U	U	K	V	Y	R	G
V	A	N	A	K	P	N	Q	U	D	F	B	N	P	C	R
R	J	L	M	K	S	N	H	U	P	R	M	T	S	T	I
H	L	K	A	O	V	B	P	S	G	D	Ä	L	G	Q	L
H	I	B	Q	T	P	H	P	I	E	S	N	Õ	K	S	L
T	V	N	Y	Q	I	T	I	K	S	O	G	U	D	K	M
O	I	V	U	S	F	D	P	A	Ö	R	U	N	J	G	B
M	G	R	L	R	L	H	A	C	W	Ö	D	A	S	D	C
A	Ö	D	N	O	K	E	R	E	P	N	S	C	Z	B	N
T	Ö	K	H	O	O	T	S	I	B	U	L	U	D	K	O
I	K	V	Z	Z	G	S	B	L	D	M	G	L	T	F	A
D	Z	H	M	P	Q	A	P	E	M	N	M	N	Q	H	D
Z	E	P	U	N	E	K	L	J	J	U	G	V	R	L	Õ
W	M	O	T	G	R	P	U	U	V	I	L	J	A	D	O
Y	C	T	O	A	L	F	O	J	M	V	Ä	W	B	Z	Q
T	U	E	V	K	C	J	G	H	A	W	N	K	G	V	K

KUUM
NOAD
LÕUNA
ÕHTUSÖÖK
LAPSED
SUVI
NÄLG
PEREKOND
PUUVILJAD
GRILL
MÄNGUD
KÖÖGIVILJAD
MUUSIKA
SIBUL
PIPAR
KANA
SALATID
KASTE
SOOL
TOMATID

67 - Forêt Tropicale

I	T	A	V	K	G	T	D	H	D	T	T	I	H	W	H
M	P	U	Ä	Z	L	I	U	U	L	A	M	M	A	S	H
E	R	S	Ä	E	R	I	R	F	C	A	K	N	Q	Z	J
T	C	T	R	A	N	J	I	N	J	S	I	U	E	G	Q
A	T	U	T	Z	B	L	O	M	S	T	A	B	T	D	L
J	V	S	U	M	R	D	Z	N	A	A	P	O	C	U	P
A	V	M	S	J	Q	E	E	L	U	M	U	T	B	N	P
D	E	V	L	I	P	S	T	F	E	I	J	A	U	N	K
C	S	K	I	L	W	K	F	S	U	N	R	A	V	I	O
C	O	O	K	B	S	I	I	A	F	E	A	N	D	L	G
S	Ä	I	L	I	T	A	M	I	N	E	V	I	Ž	E	U
L	O	O	D	U	S	P	P	T	L	U	T	L	U	Q	K
K	S	O	H	Q	C	E	Z	I	O	Y	S	I	N	J	O
M	T	C	V	P	E	H	U	H	N	L	J	N	G	C	N
K	C	O	N	H	A	A	B	C	V	W	Y	E	E	E	D
S	U	S	I	S	E	K	E	M	T	I	M	R	L	L	F

KAHEPAIKSED
BOTAANILINE
KLIIMA
KOGUKOND
MITMEKESISUS
LIIK
PUTUKAD
DŽUNGEL
IMETAJAD
SAMMAL
LOODUS
PILVED
LINNUD
VÄÄRTUSLIK
SÄILITAMINE
VARJUPAIK
AUSTUS
TAASTAMINE

68 - Ferme #1

W	F	J	F	B	A	R	A	T	Y	P	V	U	J	H	U
M	E	S	I	L	A	N	E	P	U	J	A	Q	O	O	F
H	T	S	S	H	J	O	A	J	E	L	S	D	A	B	K
E	U	A	E	S	R	S	H	K	L	D	I	B	O	U	Z
L	T	K	V	G	A	I	S	B	B	J	K	M	M	N	M
A	L	G	Z	U	K	I	P	R	S	Q	A	E	O	E	V
B	G	C	F	K	L	P	K	D	A	L	S	S	I	I	R
L	D	Y	M	B	U	A	F	G	E	N	K	I	S	P	T
A	H	V	J	O	R	L	O	D	G	F	V	V	M	Y	N
V	Ä	E	T	I	S	M	T	E	C	V	L	A	H	U	N
A	M	H	Y	R	W	F	B	N	E	W	I	R	F	Z	D
U	Y	E	B	O	T	K	O	E	R	S	O	E	I	K	Y
T	V	I	Z	H	B	M	N	G	L	I	E	S	I	S	J
L	Z	N	S	U	D	N	A	J	A	M	U	L	L	Õ	P
T	M	E	P	Õ	L	D	C	B	K	I	T	S	C	Z	J
G	Z	U	G	V	I	L	C	Z	V	P	I	Z	J	S	T

MESILANE
PÕLLUMAJANDUS
EESEL
PIISON
PÕLD
KASS
HOBUNE
KITS
KOER
TARA
VARES
VESI
VÄETIS
HEIN
MESI
KANA
RIIS
KARJA
LEHM
VASIKAS

69 - Antarctique

O	N	K	L	Q	Y	E	C	W	L	B	W	U	Z	T	S
H	G	T	T	T	D	Q	C	Y	A	F	O	Y	K	E	Ä
K	O	N	T	I	N	E	N	T	H	C	R	H	L	M	I
A	S	O	H	W	W	E	R	I	E	D	B	P	V	P	L
T	E	A	D	L	A	N	E	A	Z	V	J	Ä	Ä	E	I
K	G	T	A	M	I	N	E	R	A	A	L	I	D	R	T
E	E	Y	L	P	H	Ä	P	B	H	S	N	H	O	A	A
S	O	Y	A	Z	G	R	T	H	I	Q	V	R	P	T	M
K	G	N	A	J	M	R	V	P	Y	F	O	R	O	U	I
K	R	I	V	L	I	U	S	T	I	K	E	L	O	U	N
O	A	T	E	A	D	U	S	L	I	K	N	I	L	R	E
N	A	R	Z	E	Z	F	Z	N	J	I	I	N	S	O	T
D	F	Z	C	R	Z	Z	O	W	B	L	V	N	A	E	F
A	I	F	A	A	R	G	O	P	O	T	I	U	A	N	V
H	A	M	A	J	A	N	V	J	Y	W	K	D	R	Q	I
E	K	S	P	E	D	I	T	S	I	O	O	N	K	G	O

LAHE
VAALAD
TEADLANE
SÄILITAMINE
KONTINENT
VESI
KESKKOND
EKSPEDITSIOON
GEOGRAAFIA
JÄÄ
LIUSTIKE
SAARED
RÄNNE
MINERAALID
LINNUD
POOLSAAR
KIVINE
TEADUSLIK
TEMPERATUUR
TOPOGRAAFIA

70 - Professions #2

I	U	E	H	P	W	V	F	F	I	H	J	P	B	Q	M
N	E	U	I	P	J	B	I	P	T	D	A	I	L	H	A
S	I	V	R	G	O	O	L	O	O	Z	I	U	R	J	A
E	P	W	P	I	W	G	O	O	L	O	I	B	G	Z	L
N	D	R	D	P	J	T	S	R	A	A	B	M	A	H	I
E	F	Y	R	I	I	A	O	A	J	A	T	E	P	Õ	K
R	R	N	L	L	N	M	O	O	E	H	G	R	Y	C	U
F	B	N	C	O	D	T	F	M	N	D	U	V	S	T	N
A	R	S	T	O	Q	Z	N	U	A	L	N	I	B	T	S
L	A	J	A	T	U	I	E	L	L	Y	L	I	J	T	T
K	I	R	U	R	G	T	Z	L	D	E	F	T	K	Q	N
A	S	T	R	O	N	A	U	T	A	N	O	K	P	G	I
Y	E	N	A	L	D	A	E	T	E	L	E	E	K	B	K
V	M	N	F	A	A	R	G	O	T	O	F	T	F	C	D
A	J	A	K	I	R	J	A	N	I	K	M	E	F	S	K
I	L	L	U	S	T	R	A	A	T	O	R	D	R	D	Z

ASTRONAUT
BIOLOOG
TEADLANE
KIRURG
HAMBAARST
DETEKTIIV
UURIJA
ÕPETAJA
ILLUSTRAATOR
INSENER
LEIUTAJA
AEDNIK
AJAKIRJANIK
KEELETEADLANE
ARST
MAALIKUNSTNIK
FILOSOOF
FOTOGRAAF
PILOOT
ZOOLOOG

71 - Les Abeilles

W	P	O	I	D	N	S	P	K	Ö	M	D	M	S	O	L
W	I	F	S	M	J	T	Ä	U	K	T	M	I	A	J	S
N	R	K	M	E	S	I	I	N	O	E	G	T	K	E	E
A	N	S	F	V	G	U	K	I	S	I	C	M	U	V	D
T	A	R	U	Z	R	S	E	N	Ü	P	I	E	T	K	E
Y	C	S	Ü	L	E	M	Y	G	S	U	K	K	U	O	L
T	I	I	V	A	D	B	N	A	T	G	Q	E	P	B	L
E	Q	Õ	C	H	Õ	Y	N	N	E	S	B	S	L	P	I
L	Y	Y	M	E	G	I	Z	N	E	Q	W	I	G	D	L
U	U	A	E	I	V	K	E	A	M	P	P	S	V	F	I
P	I	E	K	S	T	A	U	T	I	O	T	U	L	H	Y
A	T	A	I	M	E	D	H	B	O	D	F	S	L	Z	M
I	Q	A	W	G	A	O	D	A	J	L	I	V	U	U	P
K	I	L	U	S	A	K	Z	I	A	O	M	U	Y	A	M
M	W	G	Y	Y	U	C	J	V	T	W	P	I	Q	M	T
N	S	L	Y	K	E	J	E	L	P	P	B	Z	N	Z	L

TIIVAD
KASULIK
VAHA
MITMEKESISUS
SÜLEM
ÖKOSÜSTEEM
ÕIS
LILLED
PUUVILJAD
SUITS

ELUPAIK
PUTUKAS
AED
MESI
TOIT
TAIMED
ÕIETOLM
KUNINGANNA
TARU
PÄIKE

72 - Santé et Bien Être #2

P	Y	E	N	I	M	U	T	I	O	T	W	L	C	K	K
Z	S	U	K	K	A	N	A	I	M	O	O	T	A	N	A
S	D	G	C	P	S	S	E	R	T	S	D	B	T	D	L
R	S	B	E	U	S	I	M	E	O	S	D	C	A	E	O
Z	N	I	I	M	A	T	I	V	I	U	L	H	A	H	R
W	B	N	Z	C	A	E	N	E	R	G	I	A	S	Ü	S
Y	U	F	D	K	Ž	A	O	R	M	I	Ü	U	T	D	U
H	A	I	G	L	A	K	L	L	U	A	R	H	A	R	S
O	H	C	W	A	M	R	E	L	D	H	R	E	M	A	E
E	O	Q	Z	A	B	V	H	H	E	D	Q	J	I	T	G
N	M	B	U	K	H	O	T	N	A	R	H	O	N	S	A
G	E	N	E	E	T	I	K	A	K	W	G	G	E	I	D
T	E	R	V	I	S	L	I	K	V	E	V	I	M	O	O
A	L	C	M	Z	W	N	O	F	J	H	O	O	A	O	S
H	O	E	E	A	S	G	M	E	W	B	O	U	H	N	M
B	J	Q	K	Z	R	M	P	T	W	L	L	T	L	O	T

ALLERGIA
ANATOOMIA
ISU
KALORSUSEGA
KEHA
DEHÜDRATSIOON
ENERGIA
GENEETIKA
HAIGLA
HÜGIEEN
NAKKUS
HAIGUS
MASSAAŽ
TOITUMINE
KAAL
TAASTAMINE
TERVISLIK
VERI
STRESS
VITAMIIN

73 - Conduite

G	F	H	T	L	J	J	D	V	S	G	A	L	O	Q	E
A	N	H	R	E	V	C	G	E	Z	G	C	I	T	H	L
R	Y	S	A	N	E	J	U	O	E	B	T	I	U	D	T
A	Y	M	A	N	E	M	J	A	E	A	E	K	A	P	U
A	Y	I	K	U	C	O	G	U	A	J	J	L	F	A	H
Ž	H	A	M	T	S	T	N	T	D	I	R	U	D	I	P
P	O	L	I	T	S	E	I	O	E	Ä	O	S	O	Y	D
Õ	N	N	E	T	U	S	G	R	P	K	T	A	H	W	D
K	Ü	T	U	S	R	H	U	G	Y	A	O	A	U	H	O
J	E	I	Y	T	W	O	F	Q	R	L	O	G	T	K	C
F	T	N	D	N	E	M	P	G	P	A	M	V	U	I	E
Q	P	G	R	E	N	B	N	S	R	J	K	V	S	I	Y
M	H	G	B	S	E	J	U	R	N	I	L	R	D	R	G
C	E	T	Y	T	C	U	P	J	Q	A	W	B	S	U	A
D	W	S	A	I	K	B	I	Y	I	I	R	I	C	S	T
F	W	G	Z	L	S	A	T	A	R	R	O	T	O	O	M

ÕNNETUS
VEOAUTO
KÜTUS
KAART
OHT
PIDURID
GARAAŽ
GAAS
LITSENTS
MOOTOR
MOOTORRATAS
JALAKÄIJA
POLITSEI
TEE
OHUTUS
LIIKLUS
TRANSPORT
TUNNEL
KIIRUS
AUTO

74 - Plantes

B	O	T	A	A	N	I	K	A	L	P	C	E	D	B	L
V	B	K	P	B	P	J	I	M	I	D	P	E	S	A	U
L	Z	V	U	R	U	U	T	A	L	J	V	U	A	M	U
C	F	D	M	A	K	J	S	V	L	B	C	I	M	B	D
J	U	U	R	R	L	F	E	S	C	S	T	E	M	U	E
E	K	C	C	C	J	N	H	A	T	P	U	U	A	S	R
C	I	Z	P	D	Y	R	E	K	Q	H	J	T	L	Y	O
U	T	Y	I	T	K	T	L	F	U	Q	Y	C	K	F	H
S	S	S	G	Z	P	Y	E	I	D	I	T	B	V	A	I
A	E	D	T	Y	T	Z	P	C	J	T	S	N	L	R	K
S	M	K	M	C	O	C	G	M	U	R	U	H	J	O	A
Õ	I	V	G	J	N	O	N	A	Y	K	T	J	V	O	L
Õ	A	U	T	M	T	Y	M	H	V	I	Z	P	Z	L	Z
P	T	A	U	G	K	A	R	A	H	N	S	T	W	F	I
D	E	V	I	B	F	U	O	V	R	E	U	Z	M	C	U
K	R	O	O	N	L	E	H	T	S	I	T	E	Ä	V	T

PUU
MARI
BAMBUS
BOTAANIKA
PÕÕSAS
KAKTUS
VÄETIS
LEHESTIK
LILL
FLOORA
METS
KASVAMA
UBA
MURU
AED
LUUDEROHI
SAMMAL
KROONLEHT
JUUR
TAIMESTIK

75 - Ferme #2

P	J	U	Y	M	I	I	P	N	H	T	O	I	T	J	N
U	U	M	Q	A	A	M	W	I	G	R	I	J	P	E	L
I	Y	U	V	I	G	B	K	I	N	A	S	O	Q	M	R
K	W	M	V	S	L	L	I	T	K	P	W	C	N	E	O
D	A	O	P	I	I	V	N	F	Q	Q	L	T	P	S	L
H	N	R	O	E	L	S	U	T	U	S	I	I	N	I	A
O	N	O	J	D	M	J	L	O	O	M	A	D	C	T	A
A	R	T	I	A	R	A	A	N	I	S	U	R	Z	A	M
N	F	K	A	H	N	A	T	D	D	P	L	G	D	R	A
U	R	A	S	I	F	E	A	R	Z	Ü	D	Q	M	U	F
N	Q	R	O	L	R	Z	R	I	R	K	C	Y	T	M	Y
L	V	T	Q	A	V	I	L	J	A	P	U	U	A	E	D
G	D	J	V	B	B	W	H	Z	E	R	H	P	K	D	O
W	V	B	G	M	A	T	Q	Y	E	S	O	S	H	V	G
L	A	M	B	A	D	L	A	I	A	B	T	I	S	E	P
K	Q	M	M	L	O	O	U	K	V	V	S	S	V	J	Q

LAMBALIHA
TALUNIK
LOOMAD
KARJANE
NISU
PART
PUUVILJAD
AIT
NIISUTUS
PIIM
LAAMA
MAIS
LAMBAD
KÜPS
TOIT
ODRA
NIIT
MESITARU
TRAKTOR
VILJAPUUAED

76 - Vacances #2

E	D	R	E	I	S	I	U	R	Z	B	Y	R	A	Y	Z
Y	F	R	N	O	O	I	S	T	A	V	R	E	S	E	R
P	V	M	G	Q	M	H	S	V	B	C	U	R	O	N	G
R	P	E	G	M	F	C	A	G	A	D	N	A	R	I	U
V	K	R	I	B	D	U	P	Z	V	Y	U	A	S	M	Y
J	I	I	R	E	S	T	O	R	A	N	W	S	I	I	P
Q	V	I	M	Z	P	T	A	U	P	W	O	M	H	K	U
H	K	U	S	N	F	W	B	K	S	D	N	F	T	L	H
A	O	D	E	A	W	I	K	I	U	O	R	E	K	E	K
S	S	T	R	O	P	S	N	A	R	T	C	E	O	T	U
G	K	B	E	D	M	S	B	P	A	L	P	Y	H	N	S
M	A	O	G	L	T	R	J	M	I	R	D	M	T	C	S
A	T	V	U	C	L	M	V	K	I	E	T	K	M	H	S
V	Y	Q	C	C	A	Q	T	E	L	K	H	J	A	P	S
L	E	N	N	U	J	A	A	M	V	K	Z	H	W	K	H
S	R	G	V	Ä	L	I	S	M	A	A	L	A	N	E	S

LENNUJAAM
TELKIMINE
KAART
SIHTKOHT
VÄLISMAALANE
HOTELL
SAAR
VABA
MERI
PASS
RAND
RESTORAN
RESERVATSIOON
TAKSO
TELK
RONG
TRANSPORT
PUHKUS
VIISA
REISI

77 - Éthique

I	E	E	U	B	L	V	H	M	K	K	Z	F	G	V	I
V	C	K	J	B	N	A	E	Õ	A	A	J	I	P	W	N
W	Ä	R	A	D	Y	D	A	I	A	N	O	L	J	F	D
N	D	Ä	W	T	S	I	D	S	S	N	T	O	I	N	I
J	T	J	R	H	R	P	U	T	T	A	E	S	S	B	V
L	C	W	R	I	P	U	S	L	U	T	R	O	A	M	I
P	I	Y	F	E	K	G	S	I	N	L	V	O	L	H	D
L	J	L	M	Q	A	U	G	K	N	I	I	F	L	E	U
Z	M	L	N	R	K	L	S	H	E	K	K	I	I	A	A
T	A	R	K	U	S	Y	I	E	W	K	L	A	V	T	L
O	P	T	I	M	I	S	M	S	P	U	I	C	U	A	I
Q	A	L	T	R	U	I	S	M	M	S	K	B	S	H	S
K	O	O	S	T	Ö	Ö	O	Q	E	T	K	U	J	T	M
J	J	I	N	I	M	K	O	N	D	T	U	P	L	L	K
O	B	E	S	U	K	E	B	R	A	T	S	T	O	I	I
J	N	A	U	S	U	S	Y	Y	N	P	S	S	M	K	E

ALTRUISM
HEATAHTLIK
KAASTUNNE
KOOSTÖÖ
VÄÄRIKUS
HEADUS
AUSUS
INIMKOND
INDIVIDUALISM
TERVIKLIKKUS
OPTIMISM
KANNATLIKKUST
FILOSOOFIA
MÕISTLIK
OTSTARBEKUSE
LUGUPIDAV
REALISM
TARKUS
SALLIVUS

78 - Temps

I	E	A	U	W	L	S	S	Y	T	W	W	T	A	J	W
M	B	D	M	S	P	V	B	K	L	M	W	J	H	K	B
J	A	K	Z	R	Ä	M	L	L	F	Z	W	C	I	L	O
W	B	H	U	G	E	N	A	T	S	A	A	E	Y	F	N
S	M	S	W	A	V	I	J	D	H	I	K	N	F	B	U
K	A	L	E	N	D	E	R	P	G	M	N	Ä	D	A	L
N	Z	P	K	L	M	E	L	A	A	I	T	S	R	A	V
U	Q	R	U	V	H	B	L	I	F	N	C	D	G	U	M
K	Ü	M	N	E	N	D	E	F	E	U	M	S	I	P	S
I	Q	Y	M	Ä	V	T	K	R	A	T	S	A	A	Ä	H
V	Q	J	G	P	H	U	V	Q	T	U	N	T	V	R	H
E	N	N	E	K	O	K	T	U	N	D	N	A	J	A	S
L	G	R	B	S	M	D	U	H	W	G	E	I	F	S	H
U	N	I	Y	E	M	E	M	U	G	G	I	U	A	T	Z
T	U	T	D	K	I	P	F	J	G	T	Q	F	L	D	L
F	K	M	F	L	K	Y	N	Ü	Ü	D	Ö	Ö	N	K	L

AASTA
AASTANE
PÄRAST
ENNE
VARSTI
KALENDER
KÜMNEND
TULEVIK
TUND
EILE
KELL
PÄEV
NÜÜD
HOMMIK
KESKPÄEV
MINUT
KUU
ÖÖ
NÄDAL
SAJAND

79 - Maison

Q	Q	H	R	Q	U	I	Z	G	L	P	V	Z	C	Q	P
K	U	Y	Z	A	U	K	S	A	A	E	K	K	D	J	Ö
D	L	P	H	Ž	A	A	R	A	G	E	S	A	V	E	Ö
A	I	R	Z	W	K	M	K	B	I	G	L	L	C	W	N
N	A	R	Q	L	S	V	A	U	G	E	U	Z	R	D	I
I	K	Ö	Ö	K	J	O	D	T	K	L	J	D	M	F	N
D	E	M	T	Õ	V	D	E	A	U	R	T	O	H	U	G
R	N	P	M	A	L	U	U	F	F	K	H	T	Q	B	T
A	I	I	Y	H	Q	U	J	Š	C	K	O	K	N	V	N
K	M	A	E	R	M	L	T	P	Š	R	D	G	C	A	K
F	A	V	W	S	P	Z	Z	V	O	O	A	A	U	A	E
S	K	V	R	U	H	Y	Z	Q	R	K	L	Q	J	E	P
N	H	J	K	T	V	O	P	B	Y	G	N	Z	V	A	E
T	A	R	A	A	A	O	Y	H	I	L	S	P	W	A	O
W	E	Q	R	K	Y	Y	O	K	B	V	V	S	I	B	P
A	U	M	S	G	H	A	M	O	A	T	Q	B	K	U	G

LUUD
RAAMATUKOGU
TUBA
KAMIN
VÕTMED
TARA
KÖÖK
DUŠŠ
AKEN
GARAAŽ

PÖÖNING
AED
LAMP
PEEGEL
SEIN
LAGI
UKS
KARDINAD
VAIP
KATUS

80 - Légumes

S	T	I	V	R	Õ	K	Y	N	T	N	W	F	H	U	O
E	U	K	K	N	S	Q	P	F	G	S	P	P	O	U	C
L	H	E	N	A	A	Ž	A	L	K	A	B	T	T	H	N
L	L	L	E	S	R	E	T	E	P	S	W	T	A	K	A
E	N	Q	E	I	E	T	V	Y	R	S	Y	O	L	B	Y
R	K	A	S	D	V	A	I	K	Ü	Ü	S	L	A	U	K
L	P	U	E	E	G	N	I	Š	M	H	H	A	S	B	K
U	M	U	W	R	N	I	L	T	O	N	E	Š	I	R	U
P	E	H	R	V	I	P	O	O	S	K	U	F	B	O	R
Z	O	G	L	Y	W	S	C	M	Z	K	K	R	U	K	K
O	O	R	D	T	V	W	K	A	Q	J	Z	U	L	K	Q
W	L	S	G	K	R	S	N	T	I	R	K	Q	F	O	Y
V	S	Q	D	A	K	A	Z	I	B	J	N	I	M	L	W
U	I	R	P	N	N	T	F	Y	Z	T	H	N	J	I	N
Q	T	A	O	Z	E	D	T	B	I	N	I	I	I	J	U
H	E	R	N	E	S	H	Z	Q	E	K	S	T	Q	F	D

KÜÜSLAUK
ARTIŠOKK
BAKLAŽAAN
BROKKOLI
PORGAND
SELLER
SEEN
KÕRVITS
KURK
ŠALOTT
SPINAT
INGVER
NAERIS
SIBUL
OLIIV
PETERSELL
HERNES
REDIS
SALAT
TOMAT

81 - Famille

M	Y	D	C	V	N	D	Y	T	N	I	M	R	B	K	C
W	E	A	L	V	Õ	V	E	N	D	Q	E	Y	Q	H	O
C	P	Z	B	R	B	L	Z	M	E	N	A	V	I	S	E
R	L	K	N	T	U	P	W	N	S	P	A	L	M	G	P
P	A	M	Q	H	N	V	L	Õ	P	E	S	P	A	L	E
P	O	W	E	V	O	H	L	K	A	T	D	S	M	F	M
V	U	J	B	W	V	H	S	E	L	P	A	E	Y	I	F
D	E	Q	A	S	I	A	N	A	V	N	R	L	O	U	R
L	Z	N	M	P	V	S	V	E	N	N	A	P	O	E	G
U	S	Q	N	K	O	I	I	S	A	P	O	O	L	S	E
N	Z	O	V	A	U	E	T	U	M	J	M	F	O	J	P
A	E	C	G	O	T	W	G	H	I	D	V	Q	D	P	Y
I	T	E	W	W	A	Ü	Q	V	A	N	A	E	M	A	R
N	Ä	Q	M	Õ	D	E	T	A	B	I	K	A	A	S	A
E	D	E	S	A	H	L	O	A	U	B	M	D	O	E	P
T	I	D	W	S	Y	K	I	L	R	A	T	Ü	T	D	H

ESIVANEM
NÕBU
LAPSEPÕLV
LAPS
LAPSED
NAINE
TÜTAR
VEND
VANAEMA
VANAISA
ABIKAASA
EMA
VENNAPOEG
VENNATÜTAR
ONU
ISAPOOLSE
POJAPOEG
ISA
ÕDE
TÄDI

82 - Oiseaux

D	K	K	V	Y	S	P	A	A	B	U	L	I	N	D	C
N	W	Ä	L	Q	D	Z	I	H	G	O	J	F	G	I	L
I	R	Q	G	V	R	A	G	J	H	M	E	O	H	N	L
H	G	R	B	U	Y	P	I	W	N	I	D	E	A	A	I
H	A	I	G	U	R	I	W	Y	V	D	E	S	G	K	I
Q	P	T	U	U	K	A	N	A	F	O	O	S	C	I	Y
Z	U	A	N	U	M	D	G	Q	Q	K	W	Z	D	L	Y
R	T	G	R	U	K	E	N	O	O	T	H	P	M	E	T
F	K	F	N	T	W	U	N	I	I	V	G	N	I	P	T
J	E	P	V	A	R	E	S	N	L	S	O	R	O	U	U
U	O	D	H	D	M	O	A	A	N	A	K	W	G	M	V
I	M	J	E	I	T	V	K	H	F	K	N	G	A	H	I
L	N	V	F	T	A	R	A	N	E	T	J	A	P	P	E
U	R	U	Z	B	J	O	J	I	O	O	R	K	A	O	R
I	J	V	A	R	B	L	A	N	E	K	N	Y	P	J	V
K	M	D	U	A	K	N	K	F	L	A	M	I	N	G	O

KOTKAS
JAANALIND
PART
TOONEKURG
TUVI
VARES
KÄGU
LUIK
FLAMINGO
HAIGUR
PINGVIIN
VARBLANE
KAJAKAS
MUNA
HANI
PAABULIND
PAPAGOI
PELIKANI
KANA
TUUKAN

83 - Disciplines Scientifiques

G	E	O	L	O	O	G	I	A	L	F	E	K	K	A	E
E	V	O	Q	A	I	G	O	O	L	O	R	U	E	N	B
I	F	J	F	I	I	A	F	Z	Y	H	W	O	E	A	I
F	C	W	I	G	D	M	O	N	K	Z	P	W	L	T	O
W	A	I	G	O	O	L	O	I	S	T	O	S	E	O	L
A	I	G	O	O	L	O	R	O	E	T	E	M	T	O	O
F	G	W	A	L	A	A	K	I	N	A	A	H	E	M	O
B	O	T	A	A	N	I	K	A	Ö	O	N	I	A	I	G
B	O	D	T	R	K	M	Y	I	K	L	R	V	D	A	I
N	L	J	I	E	E	E	W	C	O	C	N	T	U	M	A
F	O	E	N	N	E	E	C	B	L	F	K	J	S	Z	Y
N	I	N	Z	I	M	K	C	Z	O	T	S	N	D	A	Q
I	S	O	O	M	I	O	A	J	O	S	U	V	G	M	Q
H	Ü	R	A	Q	A	I	Z	E	G	H	B	J	N	Y	U
T	F	W	Z	K	P	B	O	K	I	H	N	K	R	E	Q
R	O	B	O	O	T	I	K	A	A	K	W	S	A	P	V

ANATOOMIA
ASTRONOOMIA
BIOKEEMIA
BIOLOOGIA
BOTAANIKA
KEEMIA
ÖKOLOOGIA
GEOLOOGIA
KEELETEADUS
MEHAANIKA
METEOROLOOGIA
MINERALOOGIA
NEUROLOOGIA
FÜSIOLOOGIA
ROBOOTIKA
SOTSIOLOOGIA

84 - Maladie

Y	S	H	V	Y	F	K	S	R	C	P	T	W	Z	T	D
V	N	I	T	T	E	J	C	U	H	Õ	K	H	A	F	N
E	D	N	P	E	R	F	I	S	E	L	R	E	V	V	D
A	K	G	G	Z	R	Q	K	P	K	E	Õ	A	T	V	W
P	S	A	I	A	J	V	Y	O	S	T	N	O	H	N	R
Ä	Ü	M	M	E	E	D	I	K	C	I	F	L	I	E	S
R	D	I	M	O	G	I	U	S	C	K	A	U	V	O	K
I	A	S	U	N	N	E	U	R	O	P	A	A	T	I	A
L	C	T	U	O	I	L	U	U	D	L	A	L	T	S	J
I	E	E	N	F	V	M	I	C	I	C	Y	R	H	Ü	I
K	E	E	S	L	A	L	M	T	D	K	Z	V	G	N	N
I	F	D	U	J	R	V	R	E	P	Q	V	J	C	D	A
H	B	E	S	K	R	O	O	N	I	L	I	N	E	R	K
G	E	N	E	E	T	I	L	I	N	E	V	N	R	O	K
A	L	L	E	R	G	I	A	D	Q	Z	A	W	T	O	A
I	C	H	H	C	O	S	W	F	L	A	N	M	U	M	V

KÕHU
ALLERGIAD
HEAOLU
KROONILINE
NAKKAV
KEHA
SÜDA
NÕRK
GENEETILINE
PÄRILIK

IMMUUNSUS
PÕLETIK
NIMME
NEUROPAATIA
LUUD
KOPSU
HINGAMISTEEDE
TERVIS
SÜNDROOM
RAVI

85 - Univers

L	A	T	M	O	S	F	Ä	Ä	R	C	H	W	V	B	L
A	P	I	K	K	U	S	K	R	A	A	D	S	H	S	N
I	Y	V	K	P	F	M	V	K	O	G	A	M	E	V	W
U	F	C	L	P	I	C	A	M	V	N	D	L	U	T	J
S	T	Z	J	Z	L	B	T	E	L	S	J	R	V	E	O
K	E	A	A	J	S	F	H	E	Z	P	Q	M	C	L	Q
R	B	K	E	I	V	E	Ä	P	I	R	Ö	Ö	P	E	E
A	Z	T	B	V	B	K	N	T	P	F	A	V	Ä	S	K
A	P	N	S	H	A	Q	W	I	H	V	N	G	I	K	E
D	K	O	F	L	M	S	O	I	L	W	B	P	K	O	K
R	U	S	O	H	J	N	O	B	Z	I	D	N	E	O	V
F	U	I	S	L	N	W	F	R	C	S	M	I	S	P	A
Q	R	R	W	P	K	N	Z	O	H	K	L	S	E	N	A
W	Q	O	E	Y	K	E	Z	O	D	I	A	C	O	W	T
T	U	H	Z	D	I	O	R	E	T	S	A	W	G	K	O
P	I	M	E	D	U	S	E	A	I	A	J	S	S	H	R

ASTEROID
ATMOSFÄÄR
TAEVAS
KOSMILINE
EKVAATOR
POOLKERA
HORISONT
LAIUSKRAAD
PIKKUSKRAAD
KUU
PIMEDUS
ORBIIT
PÄIKESE
PÖÖRIPÄEV
TELESKOOP
NÄHTAV
ZODIAC

86 - Géographie

F	H	A	H	M	L	I	A	A	M	L	N	O	Y	K	Z
T	G	E	L	C	G	A	B	T	C	Ä	A	O	T	O	Y
K	H	D	K	Z	L	N	I	N	S	Ä	A	K	Y	N	V
F	P	B	Y	A	S	U	G	U	I	N	I	E	H	T	T
M	Q	H	T	K	A	Õ	Ä	G	S	E	D	A	R	I	O
H	D	A	A	P	A	L	M	P	Y	K	I	N	Q	N	M
G	N	M	U	I	R	O	O	T	I	R	R	E	T	E	M
P	O	O	L	K	E	R	A	R	G	H	E	A	R	N	E
P	K	Y	N	E	N	T	H	L	P	M	M	K	A	T	R
Õ	R	K	I	O	E	R	Q	A	T	K	K	I	A	D	I
H	I	A	Õ	R	Z	I	L	T	J	Y	F	N	K	J	O
J	I	T	D	R	K	I	C	I	E	S	T	G	Y	Y	S
A	P	L	Q	J	G	K	C	Y	N	N	M	V	B	A	D
R	Y	A	G	O	G	U	J	Z	W	N	Z	G	B	J	T
R	Y	S	E	N	K	D	S	T	C	P	G	E	K	F	J
W	J	S	Z	T	Y	E	I	H	S	G	Y	J	J	Õ	E

KÕRGUS
ATLAS
KAART
KONTINENT
JÕE
POOLKERA
SAAR
LAIUSKRAAD
MERI
MERIDIAAN
MAAILM
MÄGI
PÕHJA
OOKEAN
LÄÄNE
RIIK
PIIRKOND
LÕUNA
TERRITOORIUM
LINN

87 - Bâtiments

P	D	M	W	N	P	T	Z	W	Ü	D	P	Z	U	O	R
F	C	Q	M	P	L	N	Ä	R	T	L	M	N	V	H	D
Y	W	W	F	Z	B	O	F	H	H	Q	I	U	D	R	J
V	Z	M	U	R	T	I	U	R	E	A	L	K	N	M	J
S	A	H	E	T	W	D	G	N	L	L	E	T	O	H	Q
U	P	U	Q	F	O	A	Y	W	T	H	E	O	K	O	T
P	R	T	O	O	H	A	M	A	F	K	M	P	T	I	L
E	R	E	C	Y	N	T	U	Q	U	O	G	H	A	G	P
R	E	T	A	E	T	S	E	K	C	R	B	K	A	N	O
M	V	O	L	U	F	C	S	L	U	T	W	M	S	O	U
A	P	H	G	Q	B	R	U	F	K	E	A	B	G	L	V
R	B	T	I	Y	Y	B	U	S	D	R	O	D	C	A	S
K	K	O	A	A	M	Y	M	K	U	L	J	L	O	S	S
E	I	R	H	G	A	R	A	A	Ž	K	O	O	L	Q	R
T	N	N	O	W	U	P	H	I	L	A	I	T	N	L	F
R	O	B	A	L	M	U	Z	S	B	T	I	Z	R	P	J

SAATKOND
KORTER
SALONGI
LOSS
KINO
KOOL
GARAAŽ
AIT
HAIGLA
HOTELL
LABOR
MUUSEUM
TÄHELEPANU
STAADION
SUPERMARKET
TELK
TEATER
TORN
ÜLIKOOL
TEHAS

88 - Activités et Loisirs

E	N	I	M	A	K	T	A	M	C	T	C	M	H	N	D
G	S	S	T	B	H	E	C	V	G	Q	O	I	Q	N	O
R	O	K	U	A	G	N	R	Õ	C	C	E	M	H	B	Y
Y	J	Ü	O	P	V	N	A	R	L	H	S	D	E	J	B
N	S	Ü	Y	P	S	I	Q	K	D	N	Q	Q	D	T	G
Z	I	P	K	U	P	S	F	P	E	Z	I	T	B	I	Y
A	I	A	N	D	U	S	V	A	T	S	A	G	Õ	Õ	L
S	R	L	N	H	C	F	O	L	P	W	B	S	M	S	L
U	U	A	D	Z	H	S	Y	L	J	G	Z	U	A	U	A
S	J	K	J	A	L	G	P	A	L	L	F	R	A	D	P
Y	I	U	E	N	I	M	I	K	L	E	T	F	L	I	V
P	B	O	M	L	S	E	V	A	A	S	S	A	L	Õ	R
B	B	L	R	I	D	I	B	O	H	O	N	M	K	V	O
G	O	L	F	B	N	U	B	S	N	B	U	I	M	S	K
P	J	Q	D	G	Y	E	M	Q	G	L	K	N	F	J	Y
F	W	H	H	J	T	L	L	A	P	A	S	E	P	M	A

KUNST
PESAPALL
KORVPALL
POKS
TELKIMINE
VÕIDUSÕIT
JALGPALL
GOLF
AIANDUS
UJUMINE
HOBID
MAAL
KALAPÜÜK
SUKELDUMA
MATKAMINE
LÕÕGASTAV
SURFAMINE
TENNIS
VÕRKPALL

89 - Livres

O	R	S	U	S	L	A	A	U	D	T	B	S	G	V	H
D	D	Y	A	S	E	K	U	F	O	K	Q	G	Z	O	U
N	Z	N	G	I	I	C	I	T	F	I	W	R	F	Y	M
C	P	U	D	K	D	T	G	R	O	O	Z	T	G	J	O
W	A	V	N	P	L	C	I	A	J	R	P	Q	L	J	O
I	M	B	E	N	I	L	I	G	A	A	R	T	Z	A	R
R	O	S	T	S	K	E	T	N	O	K	N	L	V	J	I
K	O	G	U	M	I	N	E	C	L	Q	A	D	S	A	K
L	U	G	U	L	H	I	B	P	U	S	A	Q	U	T	A
Q	T	T	Q	M	K	L	B	Z	G	U	M	C	T	S	S
B	K	Z	E	V	A	I	R	E	E	S	O	S	E	U	N
L	E	H	T	W	L	P	E	D	J	S	R	Y	L	T	I
L	I	E	O	Q	F	E	W	S	A	C	R	W	U	U	K
C	I	A	A	Q	W	E	L	U	U	L	W	P	U	J	U
A	S	J	A	K	O	H	A	N	E	C	V	U	L	Y	S
T	H	D	A	J	A	L	O	O	L	I	N	E	F	N	Y

AUTOR
SEIKLUS
KOGUMINE
KONTEKST
DUAALSUS
EEPILINE
LUGU
AJALOOLINE
HUMOORIKAS
LEIDLIK
LUGEJA
KIRJANDUS
JUTUSTAJA
LEHT
ASJAKOHANE
LUULETUS
LUULE
ROMAAN
SEERIA
TRAAGILINE

90 - Pays #2

E	V	M	K	H	F	P	G	H	H	L	A	K	K	J	E
U	S	S	U	D	A	A	N	V	F	A	Q	E	P	P	A
D	T	N	A	N	B	I	A	T	E	Q	S	N	T	I	L
S	V	F	K	E	P	L	P	T	A	N	W	Y	S	A	B
J	I	Q	Q	L	A	A	A	N	B	O	E	A	V	W	A
J	J	W	P	P	K	A	A	I	C	N	U	M	K	C	A
H	G	B	R	S	I	M	J	V	E	A	R	I	A	A	N
I	J	C	U	F	S	O	A	L	Q	B	E	K	T	A	I
I	N	A	A	T	T	S	U	O	K	I	H	H	E	M	A
N	Q	B	M	R	A	A	U	G	L	I	K	C	I	I	I
A	N	F	K	A	N	J	U	Y	A	L	U	Z	S	R	R
E	V	Z	A	N	I	A	R	K	U	N	U	G	C	I	Ü
H	A	I	T	I	Y	C	O	G	Z	Y	D	U	H	I	Ü
P	D	A	D	H	N	H	A	V	D	Z	Z	A	G	Z	S
P	R	A	N	T	S	U	S	M	A	A	N	O	C	V	Y
T	W	F	T	U	I	N	D	O	N	E	E	S	I	A	S

ALBAANIA
HIINA
TAANI
PRANTSUSMAA
HAITI
INDONEESIA
IIRIMAA
JAMAICA
JAAPAN
KENYA
LAOS
LIIBANON
MEHHIKO
UGANDA
PAKISTAN
VENEMAA
SOMAALIA
SUDAAN
SÜÜRIA
UKRAINA

91 - Fournitures d'Art

H	N	P	A	B	E	R	E	T	I	D	E	E	D	V	M
W	A	R	E	M	A	A	K	T	L	K	A	M	I	E	D
T	F	R	S	A	V	I	B	E	Õ	U	C	Y	S	S	D
V	A	Q	J	L	Ü	Ü	R	K	A	S	L	M	T	I	O
E	Ä	T	B	A	O	T	I	N	T	T	Y	H	A	Y	W
Y	I	R	P	S	D	O	D	O	K	U	F	U	I	M	D
U	I	E	V	O	I	P	V	J	Q	T	Q	V	I	L	C
J	V	B	Y	I	D	A	B	U	S	U	N	I	L	I	E
B	Y	L	G	D	D	S	E	E	S	S	Z	V	P	W	F
V	O	O	S	W	Z	T	Y	J	R	K	N	F	Y	A	L
B	T	M	K	U	D	E	H	W	D	U	W	N	C	K	A
C	S	T	O	O	L	L	S	S	U	M	I	I	L	L	U
P	Ü	V	Z	L	A	L	F	C	Y	M	T	O	F	D	D
Y	S	W	D	V	S	I	L	E	K	W	A	U	L	I	C
B	I	Y	Y	E	D	D	F	R	S	C	D	V	L	U	K
A	K	V	A	R	E	L	L	I	D	R	L	P	C	V	Q

AKRÜÜL
AKVARELLID
SAVI
HARJAD
KAAMERA
TOOL
SÜSI
MOLBERT
LIIM
VÄRVID
PLIIATSID
LOOVUS
VESI
TINT
KUSTUTUSKUMM
ÕLI
IDEED
PABER
PASTELLID
LAUD

92 - Eau

Ü	F	G	W	S	T	O	K	Ü	L	M	D	Z	Z	N	J
Z	L	T	A	S	V	R	Ä	J	S	J	D	N	M	T	Ä
N	A	E	K	O	O	K	V	L	J	O	O	D	A	V	Ä
Y	N	N	U	Z	M	A	I	A	G	H	N	K	A	U	R
M	A	I	N	J	V	A	H	I	J	G	E	I	S	E	R
U	K	M	I	S	U	N	M	N	Õ	I	K	M	O	D	Q
S	U	U	I	K	H	T	A	E	E	N	S	U	H	T	Q
S	V	T	S	K	Š	Š	U	D	G	G	I	L	W	K	F
O	Q	S	K	H	P	A	J	S	G	Z	I	U	J	M	Q
O	L	U	U	Z	B	R	J	U	R	J	N	L	T	I	Y
N	D	R	S	U	W	N	N	T	W	H	B	L	S	M	H
K	R	U	H	C	U	R	U	U	Q	H	L	N	N	S	L
B	H	A	J	A	J	K	N	S	T	G	I	D	S	B	W
P	W	V	O	C	V	M	T	I	Q	J	R	Z	Z	I	K
K	F	A	U	V	S	T	G	I	F	D	E	L	L	I	I
K	Y	F	L	N	F	V	J	N	P	G	C	B	B	T	E

KANAL
DUŠŠ
AURUSTUMINE
JÕE
KÜLM
GEISER
JÄÄ
NIISKE
NIISKUS
ÜLEUJUTUS
NIISUTUS
JÄRV
MUSSOON
LUMI
OOKEAN
ORKAAN
VIHMA
JOODAV
LAINED
AUR

93 - Jazz

J	T	A	A	K	I	N	H	E	T	I	U	G	J	W	N
R	P	S	L	H	O	N	F	H	I	A	C	O	T	F	K
W	Y	H	T	Õ	S	O	D	Y	T	Y	F	Y	R	U	V
P	K	T	L	R	O	A	S	R	G	M	V	U	K	U	A
T	C	U	I	Z	F	R	E	T	S	E	K	R	O	S	N
N	K	C	B	D	M	Ü	S	A	I	E	M	K	N	K	A
A	N	D	A	I	Q	T	S	T	I	S	K	U	L	A	E
L	P	J	W	F	F	M	M	R	I	T	M	U	N	D	Ž
K	U	N	S	T	N	I	K	E	S	I	S	L	K	H	D
T	A	L	E	N	T	Z	B	S	H	F	L	U	F	G	V
J	Q	D	B	Y	T	J	C	T	E	D	B	S	V	F	S
L	E	M	M	I	K	U	D	N	O	C	J	V	E	T	W
U	Y	U	S	O	O	L	O	O	T	R	U	M	M	I	D
A	S	B	M	U	H	M	N	K	J	H	A	K	U	N	T
L	Y	L	H	E	L	I	L	O	O	J	A	U	E	N	Q
F	D	A	K	I	S	U	U	M	P	H	P	U	Y	M	T

RÕHK
ALBUM
KUNSTNIK
KUULUS
LAUL
HELILOOJA
KOOSTIS
KONTSERT
LEMMIKUD
ŽANR
MUUSIKA
UUS
ORKESTER
RÜTM
SOOLO
STIIL
TALENT
TRUMMID
TEHNIKA
VANA

94 - Paysages

Y	I	K	O	O	B	A	S	S	I	Q	U	G	L	P	O
B	V	C	Z	I	R	O	V	N	I	W	J	Q	J	O	G
J	E	Z	E	N	Õ	W	U	H	F	S	N	D	L	O	N
W	F	B	G	V	K	K	U	P	I	Q	M	M	K	L	Z
I	G	Ä	M	T	E	F	H	K	L	J	L	U	G	S	H
G	S	V	U	L	K	A	A	N	M	J	E	N	H	A	M
Ä	V	A	G	U	J	F	A	B	P	D	S	P	Z	A	K
M	R	W	A	E	F	C	H	E	D	M	J	H	G	R	O
Ä	Ä	A	O	R	K	T	Z	H	D	D	R	O	B	G	V
Ä	J	E	O	H	J	J	C	E	S	T	U	A	A	R	M
J	D	N	A	R	J	K	N	Õ	Z	U	Z	Q	I	P	E
S	O	O	A	R	P	I	N	J	D	O	L	N	F	U	R
J	R	A	S	W	D	C	T	H	G	E	J	O	W	E	I
S	E	S	Q	E	S	N	C	K	Y	I	H	L	G	L	V
C	Q	R	B	N	A	T	U	U	I	B	N	M	U	G	O
G	E	I	S	E	R	K	I	T	S	U	I	L	I	P	J

JUGA
MÄE
KÕRB
ESTUAAR
JÕE
GEISER
LIUSTIK
KOOBAS
JÄÄMÄGI
SAAR
JÄRV
SOO
MERI
MÄGI
OAAS
POOLSAAR
RAND
TUNDRA
ORG
VULKAAN

95 - Pays #1

W	S	W	W	A	A	M	E	F	E	P	O	O	L	A	G
A	O	M	M	N	N	R	H	Y	M	C	R	Q	G	P	I
I	O	R	A	P	I	E	M	I	F	O	U	B	Q	J	O
N	A	K	L	E	T	V	D	N	N	F	I	A	L	A	F
E	O	J	I	N	N	V	Q	D	I	K	M	E	D	S	Y
E	H	R	J	T	E	A	N	I	C	G	O	M	C	O	G
M	I	D	R	H	G	L	A	A	A	S	O	O	M	E	R
U	S	I	E	A	R	G	M	V	R	M	A	R	O	K	O
R	P	N	J	L	A	D	A	N	A	K	Y	V	D	Z	Z
B	A	I	J	E	C	M	N	E	G	J	U	T	M	E	G
I	A	I	F	A	A	T	A	T	U	O	Q	C	Q	I	U
W	N	P	S	R	J	S	P	S	A	H	A	K	P	E	V
O	I	I	S	S	M	L	Q	V	K	R	Z	Y	F	Q	O
T	A	L	I	I	B	Ü	A	K	P	A	D	G	G	Z	Y
K	A	I	L	I	I	S	A	R	B	J	S	R	J	Z	N
L	Z	F	A	F	G	A	N	I	S	T	A	N	Y	H	F

AFGANISTAN
SAKSAMAA
ARGENTINA
BRASIILIA
KANADA
HISPAANIA
ECUADOR
SOOME
INDIA
IISRAEL
LIIBÜA
MALI
MAROKO
NICARAGUA
NORRA
PANAMA
FILIPIINID
POOLA
RUMEENIA

96 - Nombres

K	G	K	M	Y	K	E	J	R	B	K	L	K	I	F	Ü
O	Q	A	B	W	K	O	M	Z	A	W	Y	B	L	V	H
L	K	K	K	K	U	J	M	H	G	W	V	W	Z	W	E
M	A	S	G	E	U	B	W	A	S	K	E	H	A	K	K
N	H	T	P	M	S	U	J	Q	B	O	H	V	T	I	S
I	E	E	T	M	K	T	V	I	I	S	M	N	S	Y	A
Y	K	I	F	Ü	A	S	I	L	O	B	C	L	I	H	F
T	S	S	Z	K	K	I	D	E	M	G	T	N	E	A	K
C	A	T	W	Q	Q	E	Q	N	S	K	S	I	T	L	U
Y	T	Q	A	R	U	T	S	I	E	T	I	L	E	N	U
Q	E	L	J	B	A	M	S	Y	G	V	E	M	S	C	S
J	I	N	U	L	L	L	O	O	V	Z	T	N	T	I	T
H	S	L	J	R	R	O	T	M	R	H	S	J	I	R	E
Z	T	F	I	Z	R	K	F	F	S	C	I	W	E	W	I
K	A	K	S	K	Ü	M	M	E	N	D	I	A	S	N	S
Ü	H	E	K	S	A	T	E	I	S	T	V	B	A	V	T

VIIS
KAKS
KOMA
KÜMME
KAHEKSATEIST
ÜHEKSATEIST
SEITSETEIST
KAKSTEIST
KAHEKSA
ÜHEKSA
NELITEIST
NELI
VIISTEIST
KUUSTEIST
SEITSE
KUUS
KOLMTEIST
KOLM
KAKSKÜMMEND
NULL

97 - Nature

K	I	U	S	K	L	M	D	A	M	O	O	L	K	Y	M
I	A	L	T	Õ	M	R	E	N	I	L	I	T	K	R	A
T	Y	L	U	R	Y	A	V	T	V	E	J	Õ	E	A	H
S	W	L	J	B	E	H	L	M	S	N	W	W	N	U	I
E	O	D	Q	U	J	U	I	E	T	I	R	Y	I	T	H
H	I	R	C	Q	D	L	P	M	E	L	K	W	L	C	U
E	L	O	P	D	E	I	T	U	M	I	V	L	I	N	N
L	U	H	U	F	S	K	Y	O	L	P	H	J	M	A	P
I	U	O	P	V	A	Z	M	F	H	O	Y	E	A	S	Q
O	O	E	B	Q	L	K	C	I	W	O	U	H	A	I	D
R	N	N	O	O	I	S	O	R	E	R	L	S	N	B	D
S	S	I	M	C	S	P	T	A	S	T	M	F	Ü	J	N
R	K	L	I	S	E	C	U	D	U	N	E	Y	D	A	M
I	B	U	I	H	M	V	A	R	J	U	P	A	I	K	C
U	G	L	F	D	U	T	L	I	U	S	T	I	K	G	F
C	D	E	Y	S	H	A	G	R	D	L	O	U	T	S	S

MESILASED
VARJUPAIK
LOOMAD
ARKTILINE
ILU
UDU
KÕRB
DÜNAAMILINE
EROSIOON
KALJUD
LEHESTIK
JÕE
METS
LIUSTIK
PILVED
SANCTUARY
METSIK
RAHULIK
TROOPILINE
ELULINE

98 - Chimie

K	E	P	F	M	O	B	B	D	I	L	L	A	T	E	M
L	L	O	J	U	R	U	U	T	A	R	E	P	M	E	T
O	E	J	I	S	Z	C	T	W	P	M	P	E	V	M	O
O	K	S	M	O	N	O	O	N	S	M	W	H	L	O	Y
R	T	M	P	R	B	J	P	U	C	Q	S	W	A	I	E
B	R	I	M	O	T	A	A	D	S	U	M	U	U	K	S
I	O	V	N	T	J	F	P	F	Ü	A	T	Q	L	W	V
L	N	T	S	A	Q	S	N	P	S	T	W	H	I	Z	E
T	U	U	M	A	F	Q	Y	K	I	N	P	A	H	A	S
O	Q	K	A	S	K	M	G	U	N	H	A	P	E	E	I
E	Y	I	E	Ü	L	W	L	U	I	C	I	P	B	G	N
M	J	L	U	L	J	L	A	A	K	S	O	T	T	A	I
R	Y	E	T	A	O	Z	Y	Q	K	O	O	B	H	A	K
O	T	D	Q	T	A	M	P	B	C	O	N	Z	Z	S	V
W	L	E	U	A	H	O	B	O	Z	L	G	I	I	O	W
O	Q	V	T	K	E	N	S	Ü	Ü	M	M	M	K	L	G

HAPE
LEELIS
AATOMI
SÜSINIK
KATALÜSAATOR
KUUMUS
KLOOR
ENSÜÜM
ELEKTRON
GAAS
VESINIK
IOON
VEDELIK
METALLID
MOLEKUL
TUUMA
HAPNIK
KAAL
SOOL
TEMPERATUUR

99 - Bateaux

G	H	Z	U	M	U	E	A	L	K	O	R	J	I	R	L
Z	L	N	C	O	O	J	E	S	Z	O	Q	A	Õ	G	A
N	D	R	M	O	G	G	N	K	C	K	G	I	D	E	I
I	L	U	O	T	P	K	I	E	D	E	D	G	U	V	N
E	F	O	Z	O	D	C	A	G	Y	A	T	S	Ü	S	E
M	A	S	T	R	G	J	L	P	N	N	J	I	B	B	D
N	V	Q	J	L	V	L	U	W	U	B	T	Ö	E	Y	E
P	U	R	J	E	K	A	S	F	M	W	T	K	S	N	R
N	A	H	K	K	F	Q	U	T	N	R	F	B	F	V	E
Z	D	N	H	R	J	P	Õ	R	Y	T	Z	C	J	G	M
P	Z	V	K	S	U	A	T	F	B	A	U	S	K	T	G
P	I	O	P	U	C	R	K	S	H	S	F	O	V	R	Y
J	R	W	S	R	R	V	A	M	E	E	S	K	O	N	D
A	E	A	I	D	G	R	N	W	K	P	K	N	D	Z	B
H	M	U	A	A	U	Ä	U	U	C	S	F	E	S	P	W
T	P	D	P	M	J	J	U	M	Z	B	L	T	B	V	V

ANKUR
POI
KANUU
KÖIS
MEESKOND
PRAAM
JÕE
SÜSTA
JÄRV
TÕUSULAINE
MADRUS
MAST
MERI
MOOTOR
MERED
OOKEAN
PARV
LAINED
PURJEKAS
JAHT

100 - Mesures

P	G	Q	C	B	R	B	J	V	L	B	I	V	Q	H	Z
O	M	E	G	O	E	N	A	J	R	I	D	Y	N	I	S
K	Q	P	K	I	T	H	L	I	Z	U	I	R	K	T	C
S	O	T	L	U	E	V	T	G	T	N	F	T	G	D	U
K	I	L	O	M	E	E	T	R	I	T	L	K	E	I	E
J	Q	L	V	D	M	A	A	K	U	S	V	T	O	R	I
M	Q	O	K	K	I	L	O	G	R	A	M	M	E	E	S
D	H	T	D	S	T	S	Ü	G	A	V	U	S	M	O	M
L	R	U	M	M	N	T	T	K	S	U	A	U	N	M	F
R	C	G	V	I	E	B	B	F	O	A	G	M	T	F	B
T	R	N	S	D	S	I	M	U	S	D	S	I	T	V	Z
O	O	S	U	K	K	I	P	M	S	A	T	N	O	T	U
N	Z	Z	G	O	W	J	C	K	A	A	L	U	C	S	F
N	G	S	R	M	P	I	N	T	M	R	E	T	E	E	M
R	B	D	Õ	A	L	A	I	U	S	K	G	F	N	W	L
Q	K	J	K	F	O	W	Z	S	V	B	I	E	I	V	D

SENTIMEETER
KRAAD
KOMA
GRAMM
KÕRGUS
KILOGRAMM
KILOMEETRI
LAIUS
LIITER
PIKKUS
MASS
MEETER
MINUT
BAIT
UNTS
PINT
KAAL
TOLL
SÜGAVUS
TONN

1 - Adjectifs #2

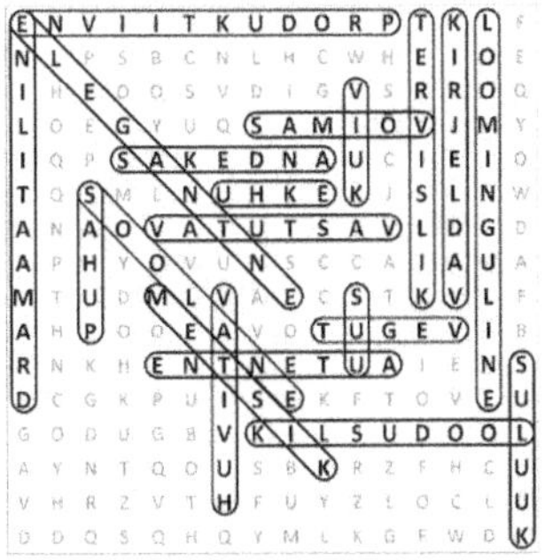

2 - Formes

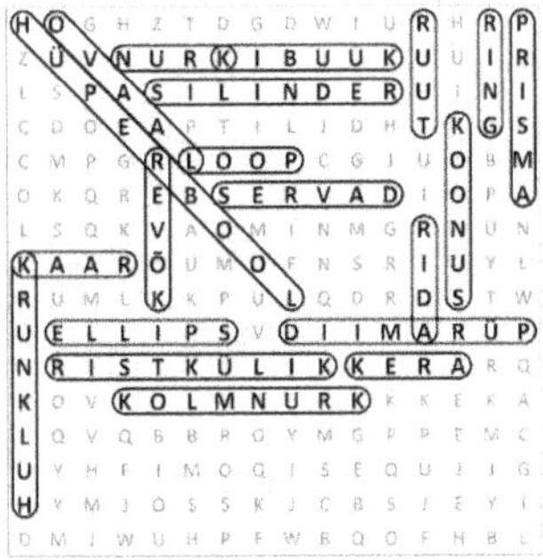

3 - Force et Gravité

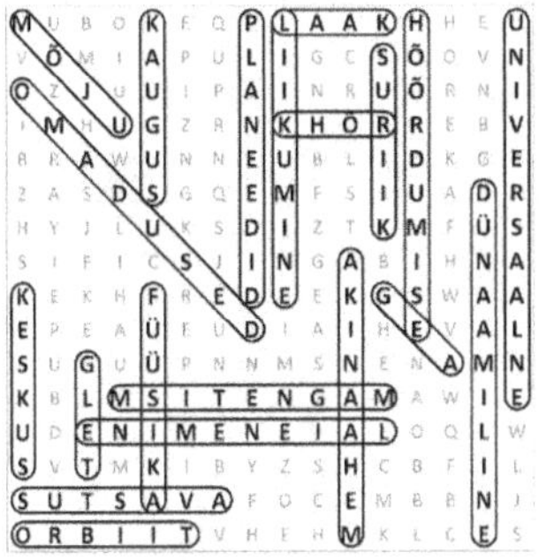

4 - Adjectifs #1

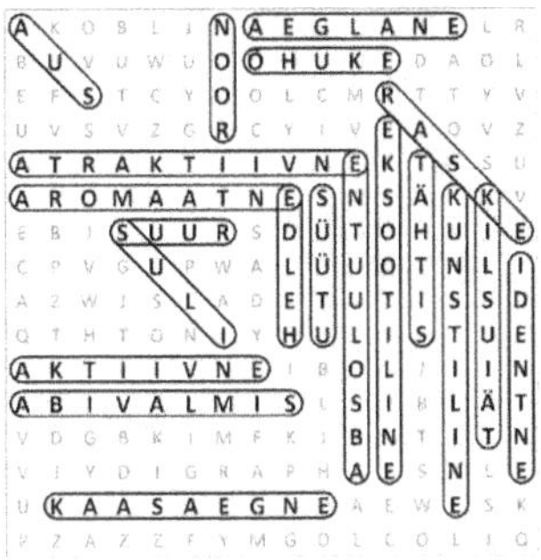

5 - Instruments de Musique

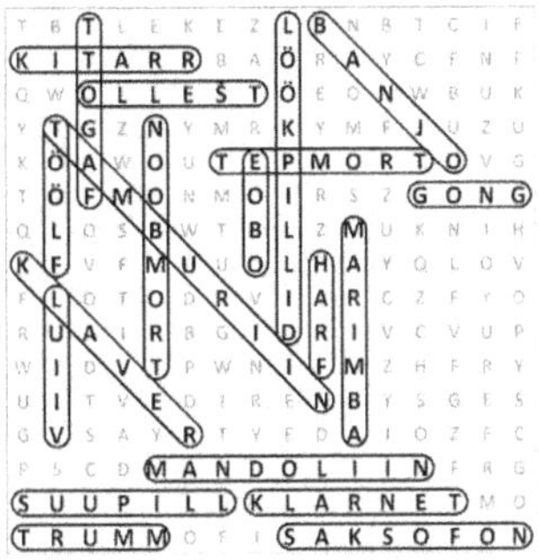

6 - Herboristerie

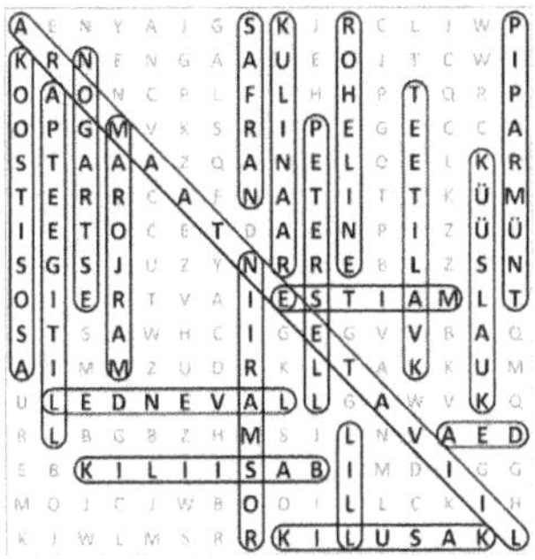

7 - Véhicules

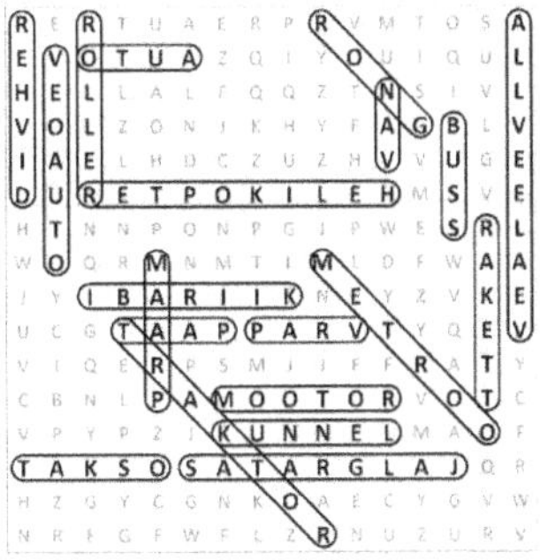

8 - Camping

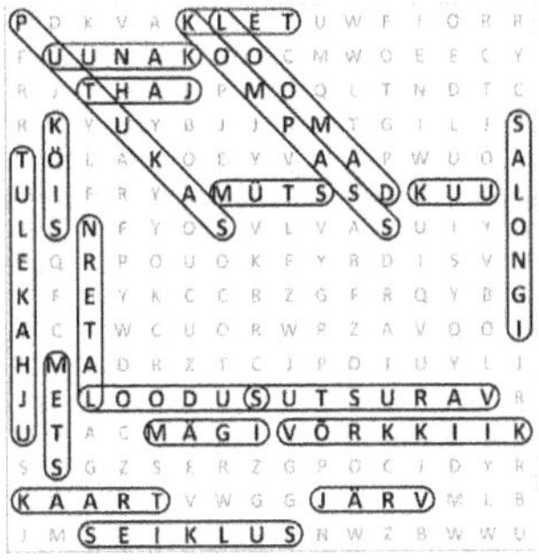

9 - Géométrie

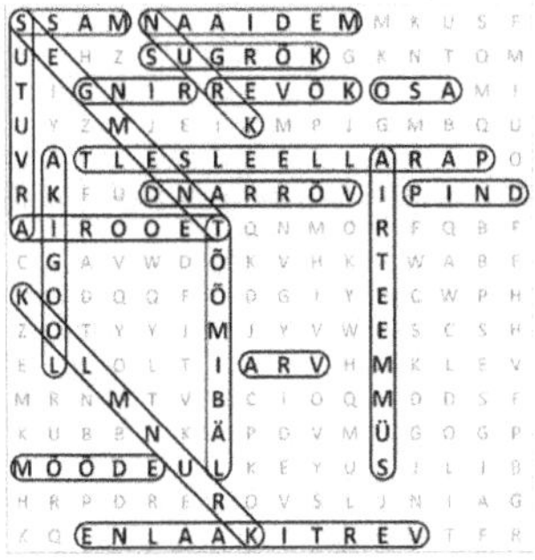

10 - Les Médias

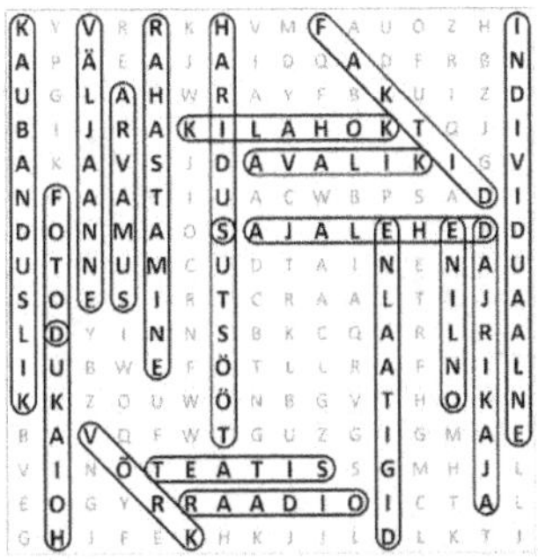

11 - Philanthropie

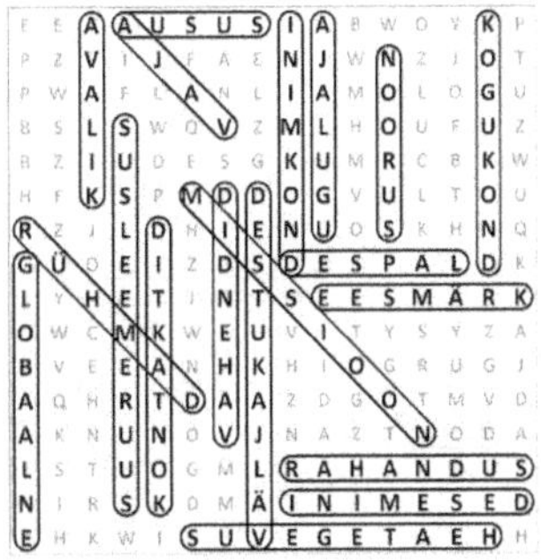

12 - Diplomatie

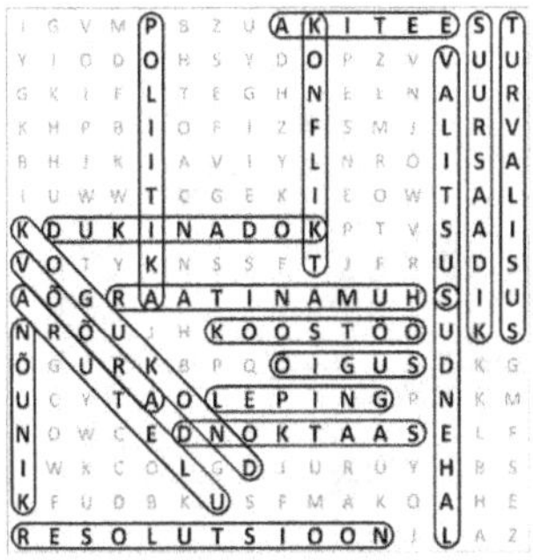

13 - Électricité

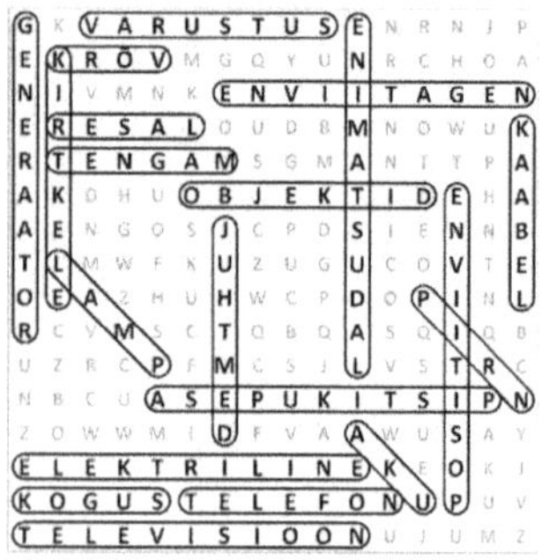

14 - Astronomie

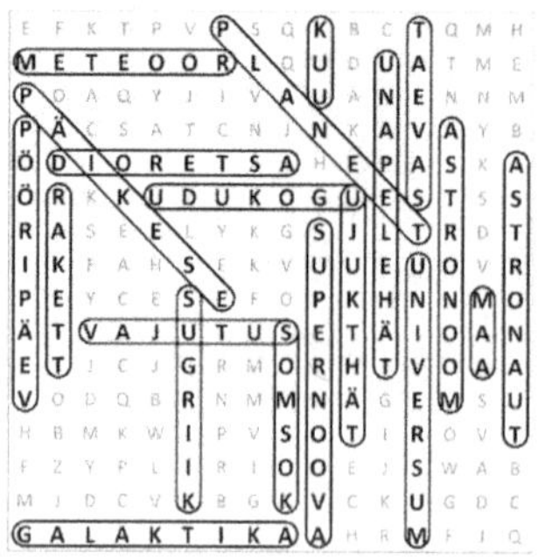

15 - Physique

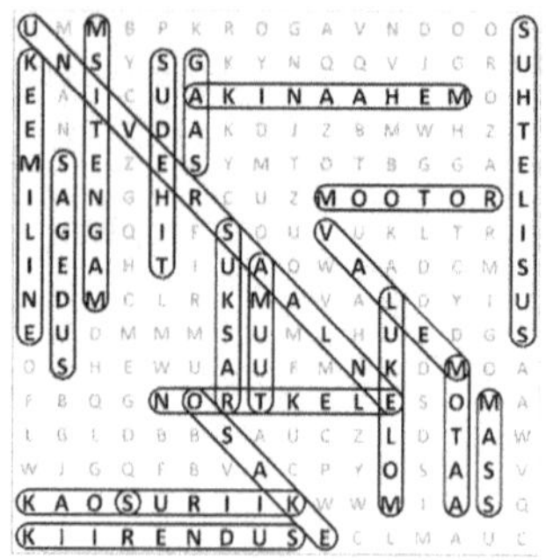

16 - Types de Cheveux

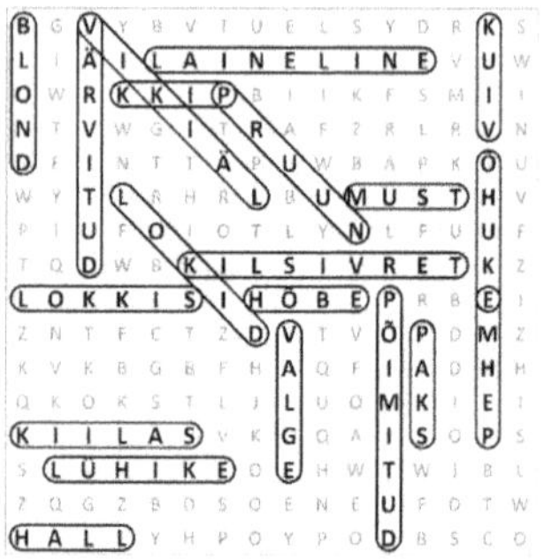

17 - Archéologie

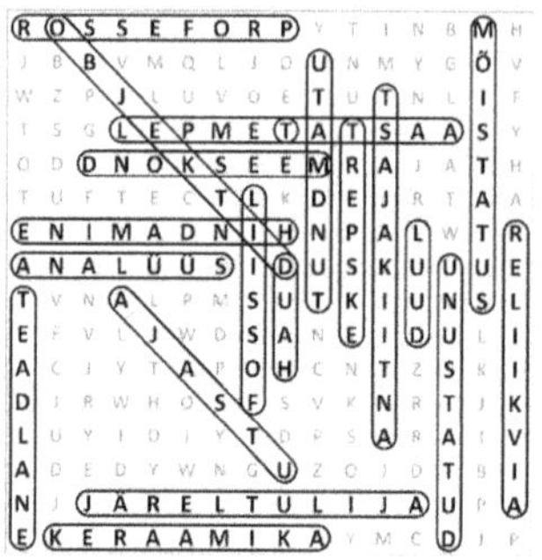

18 - Mammifères

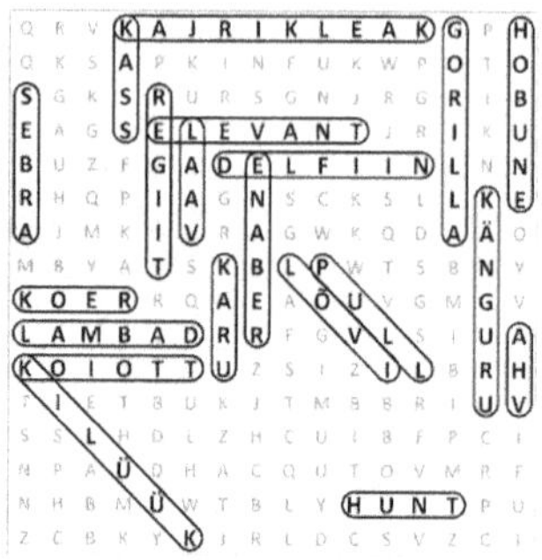

19 - Chocolat

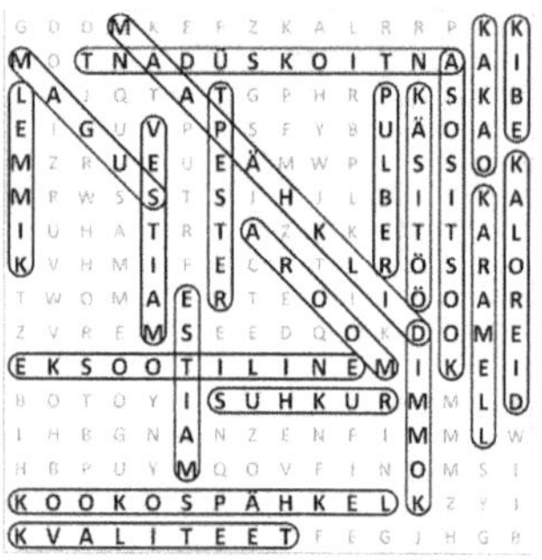

20 - Mathématiques

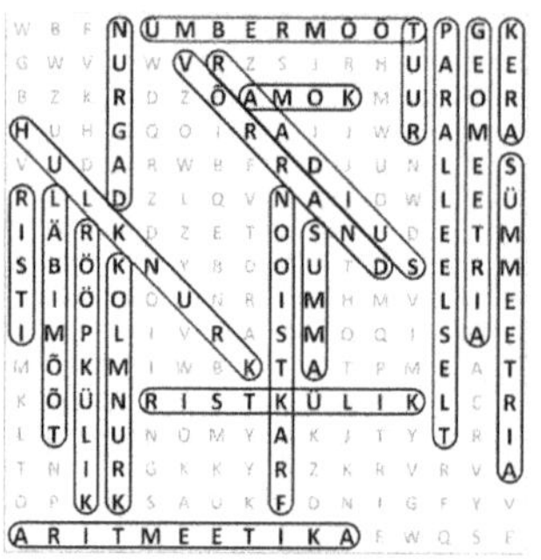

21 - Sport

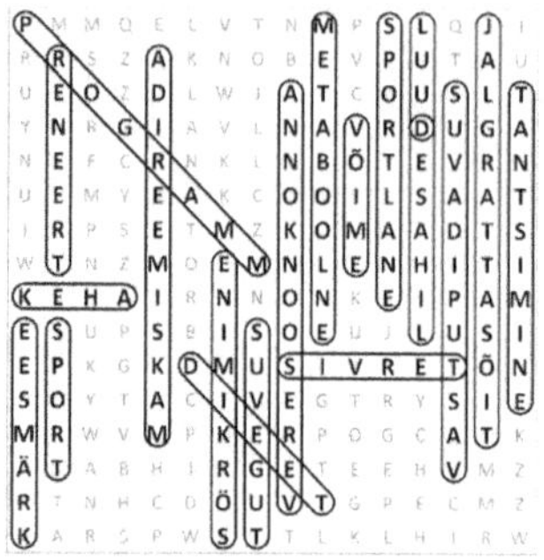

22 - Mythologie

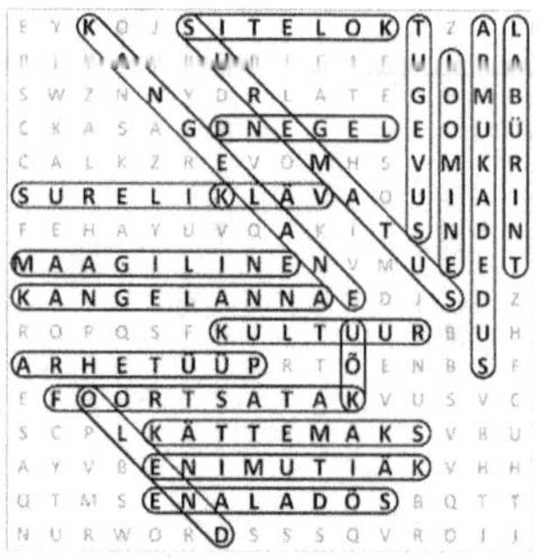

23 - Restaurant #2

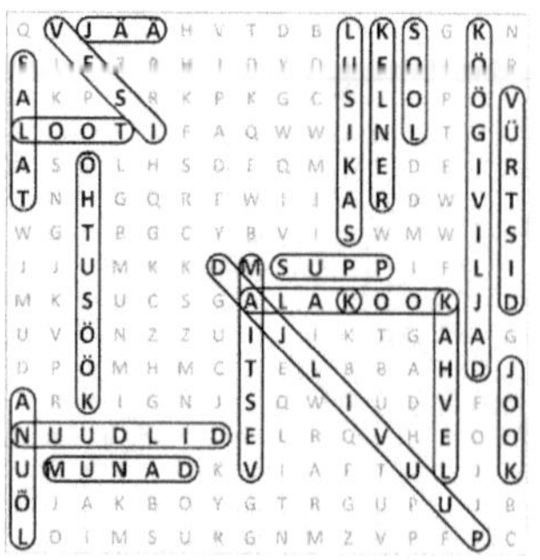

24 - Beauté

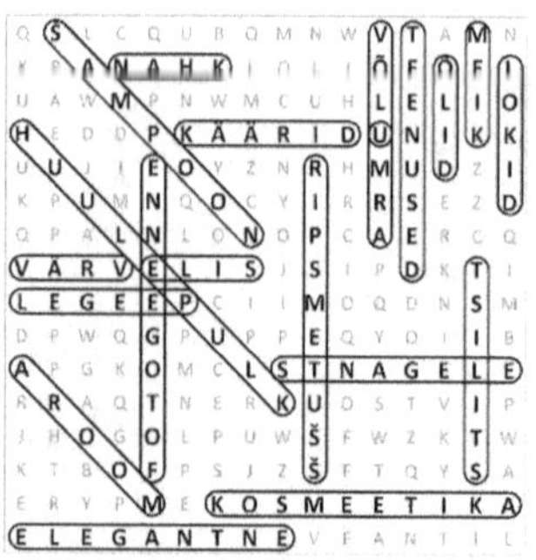

25 - Avions

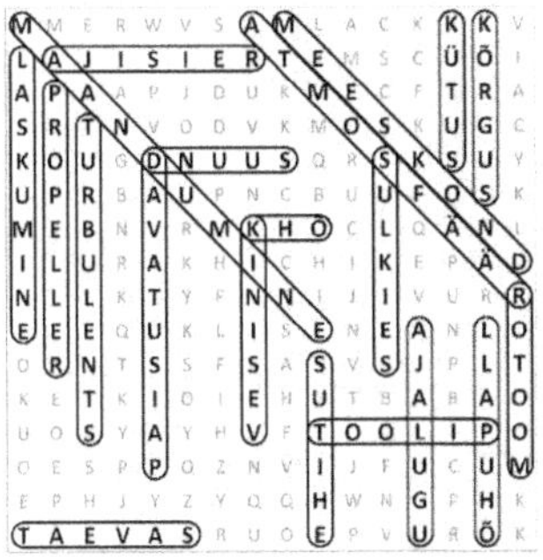

26 - Aventure

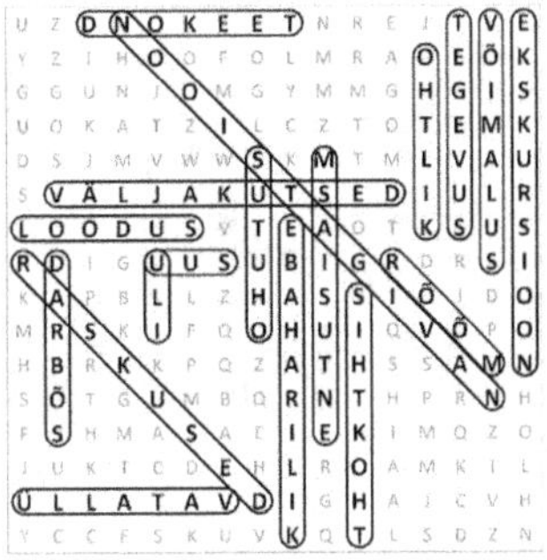

27 - Ville

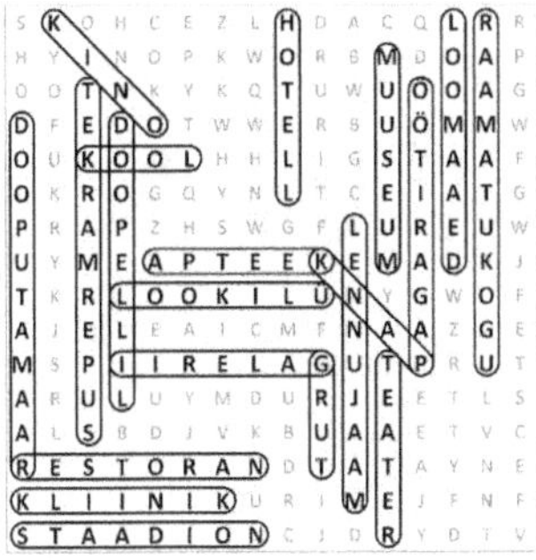

28 - Ingénierie

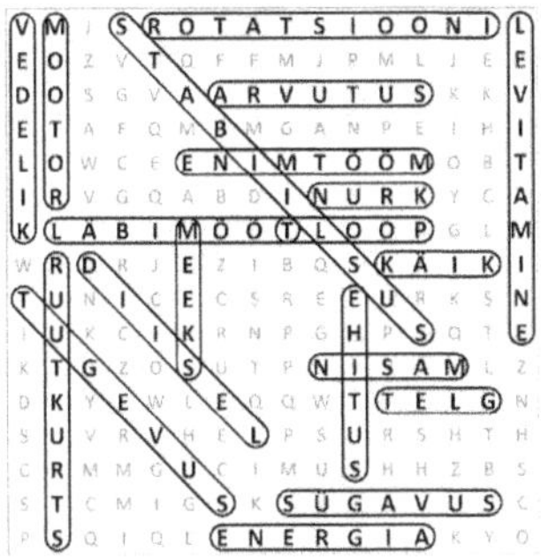

29 - Énergie

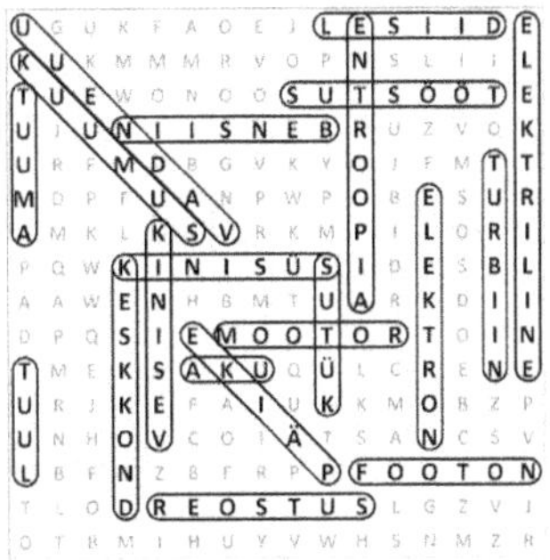

30 - Cuisine

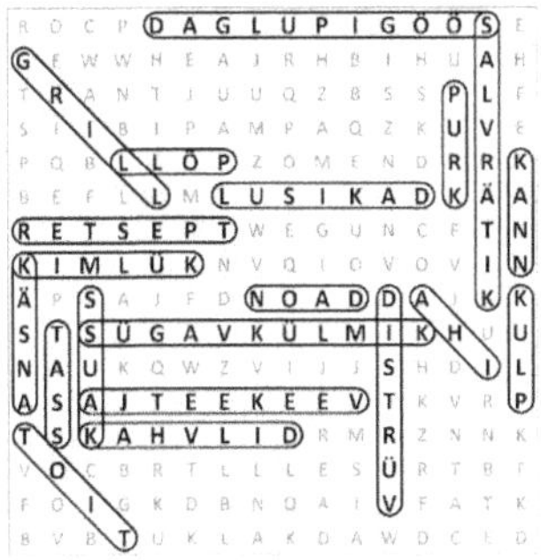

31 - Corps Humain

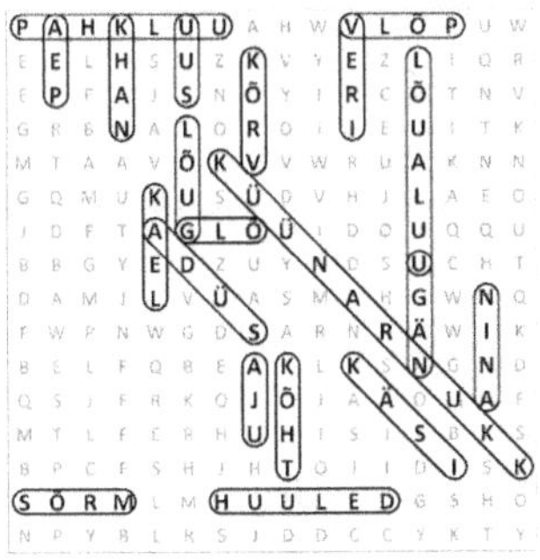

32 - Biologie

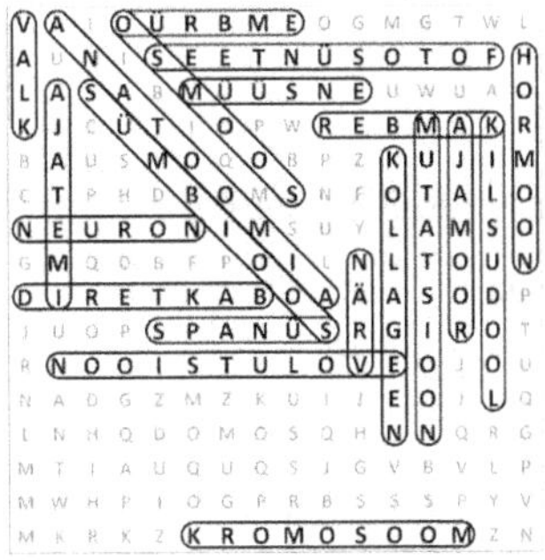

33 - Épices

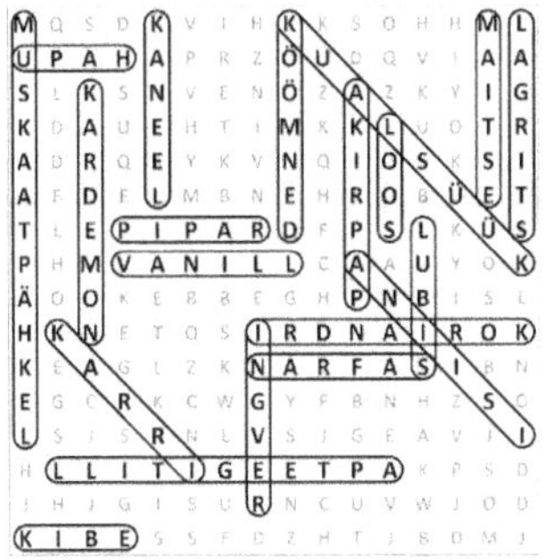

34 - Agronomie

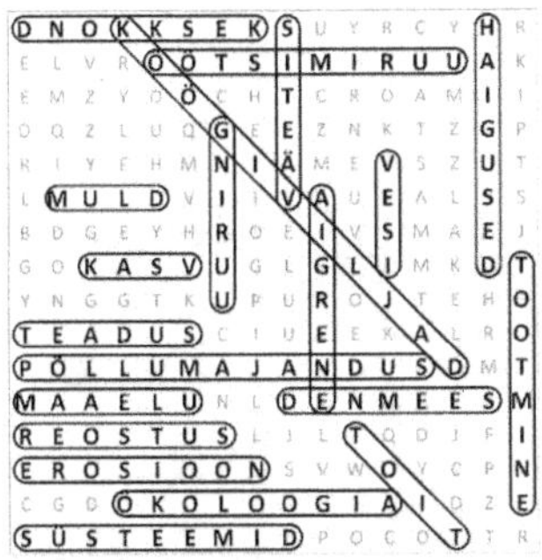

35 - Science

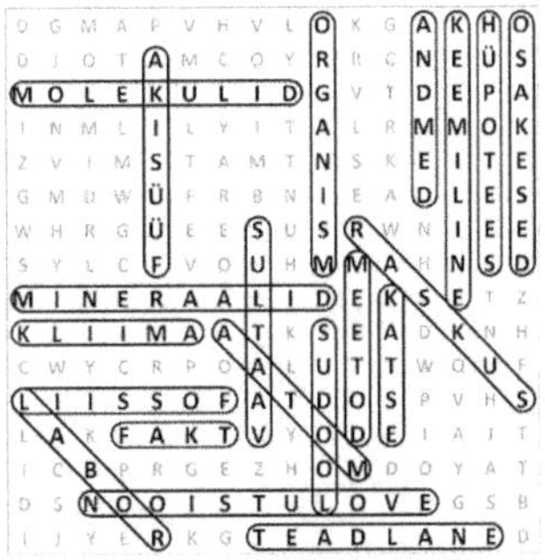

36 - Vêtements

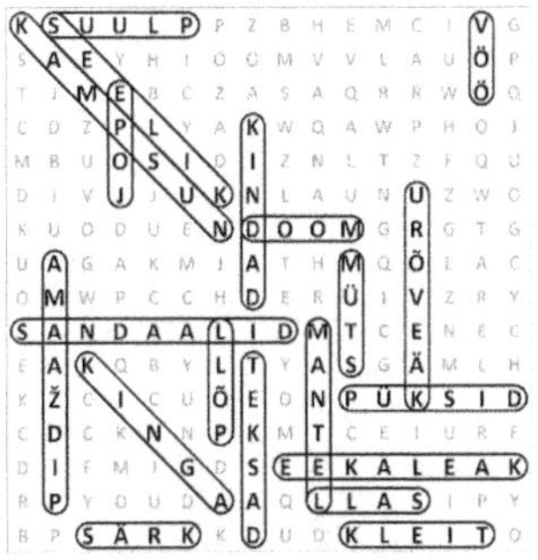

37 - Arts Visuels

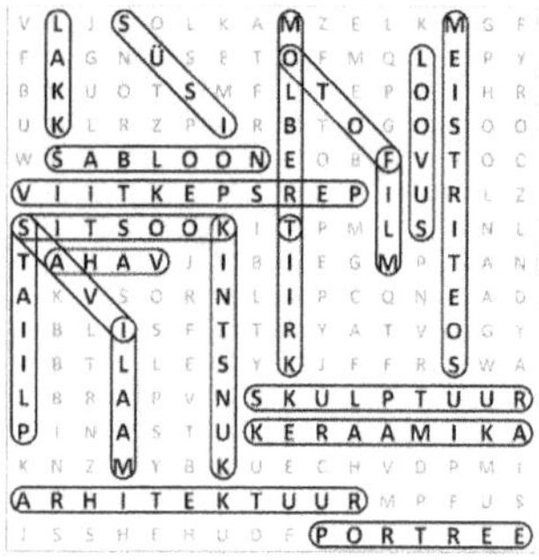

38 - Méditation

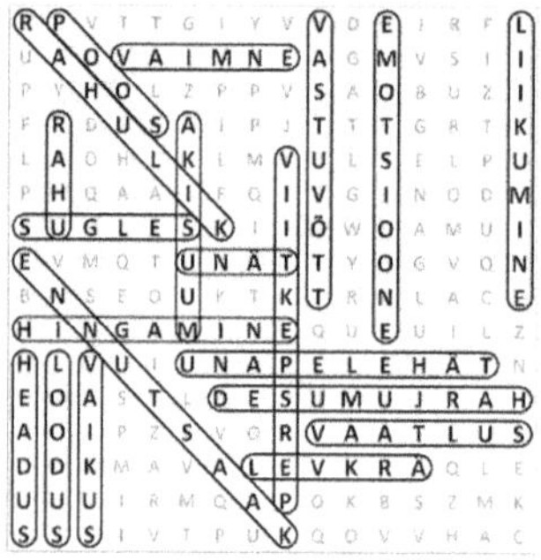

39 - Littérature

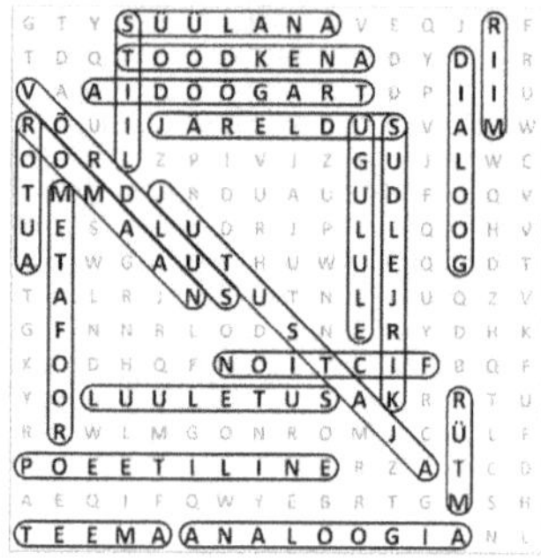

40 - Nourriture #1

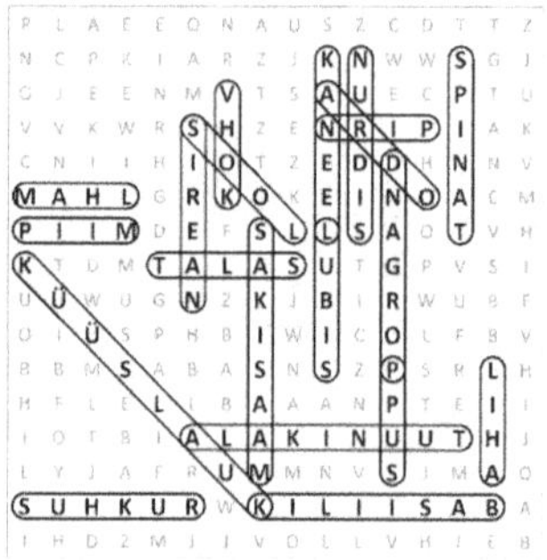

41 - Jours et Mois

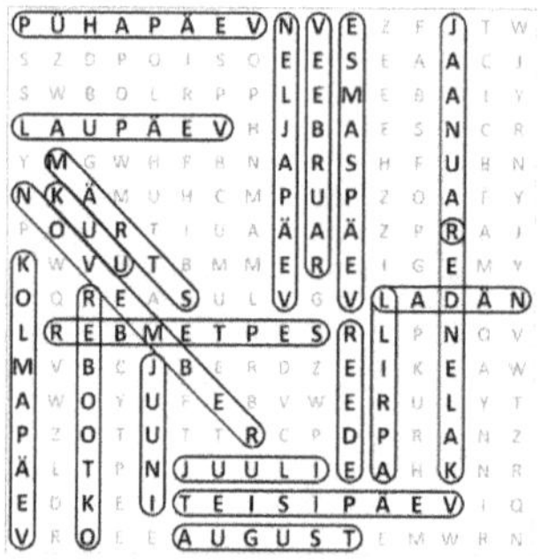

42 - Jardinage

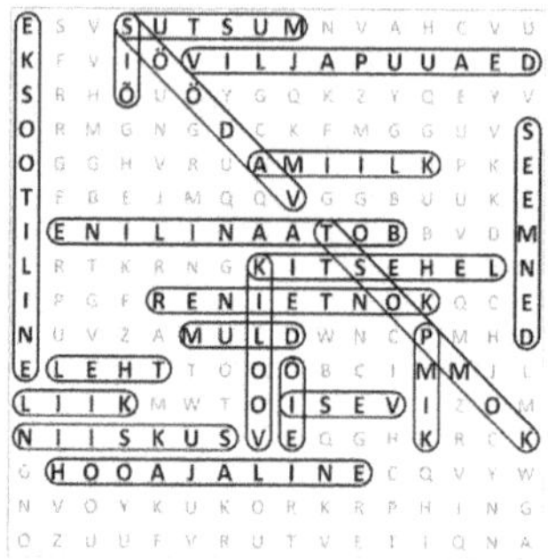

43 - Entreprise

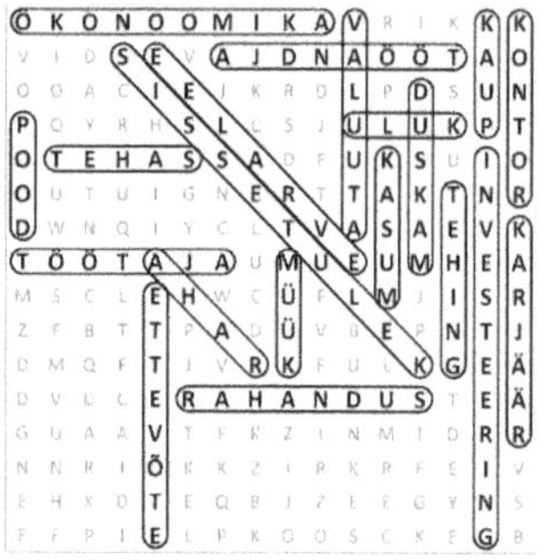

44 - Activités

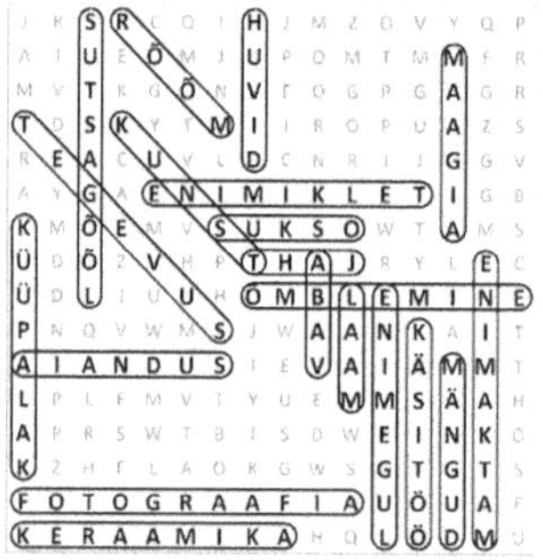

45 - Fleurs

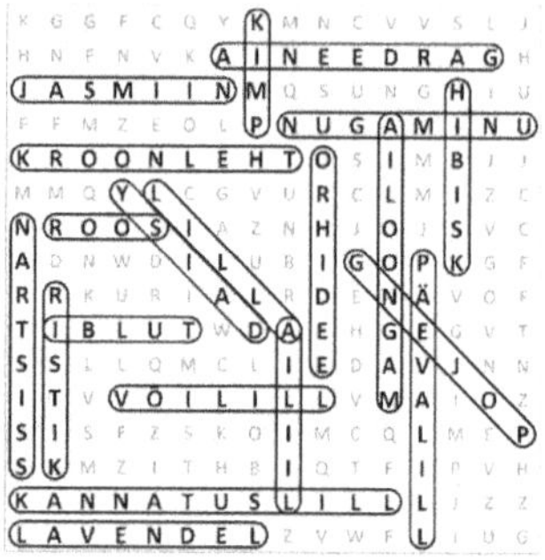

46 - Nourriture #2

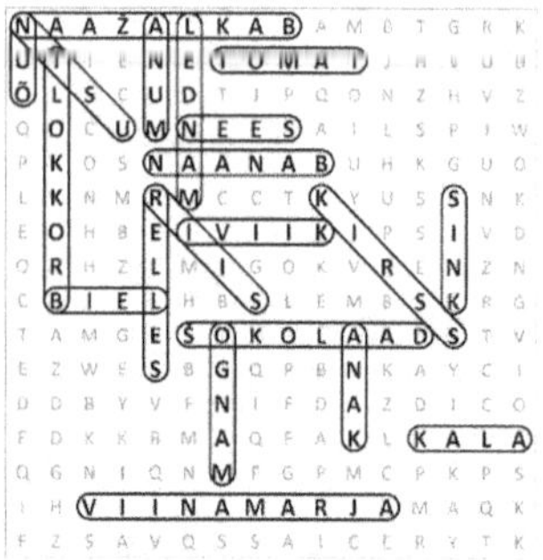

47 - Algèbre

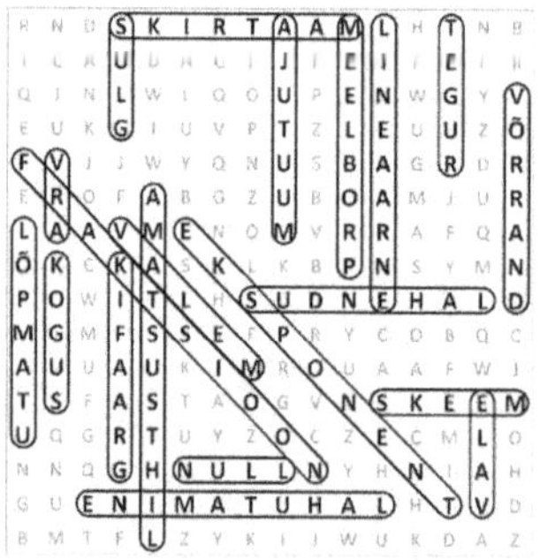

48 - Océan

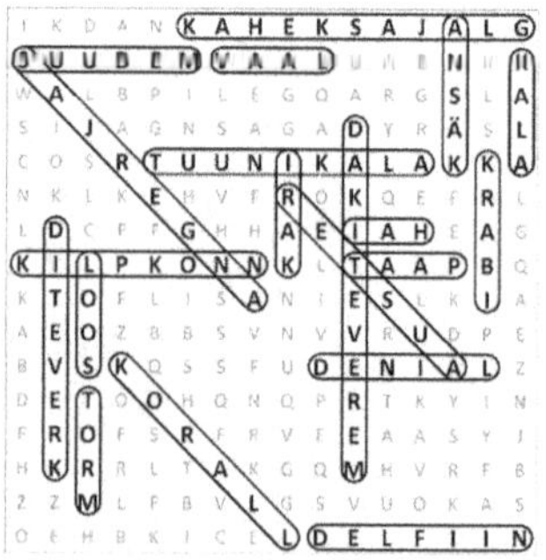

49 - Remplir

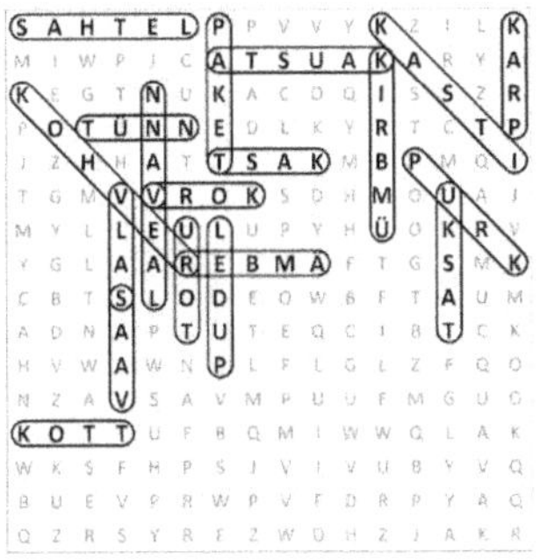

50 - Antiquités

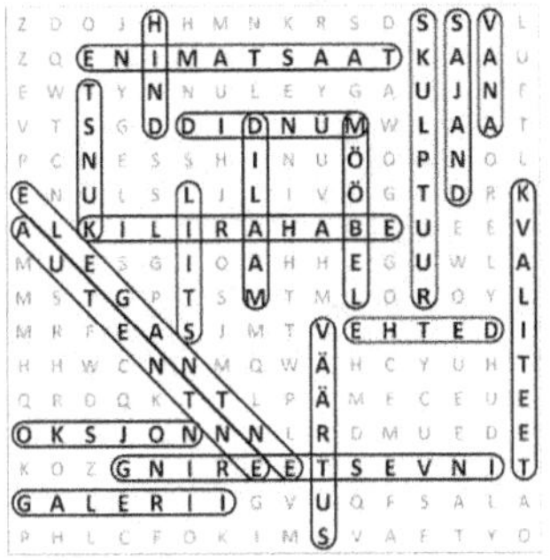

51 - Boxe

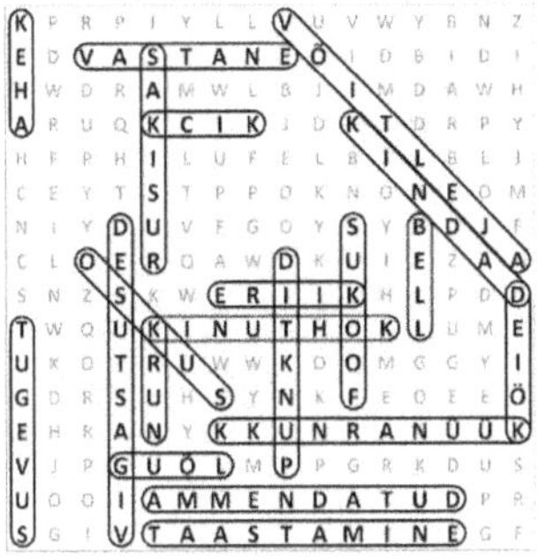

52 - Ballet

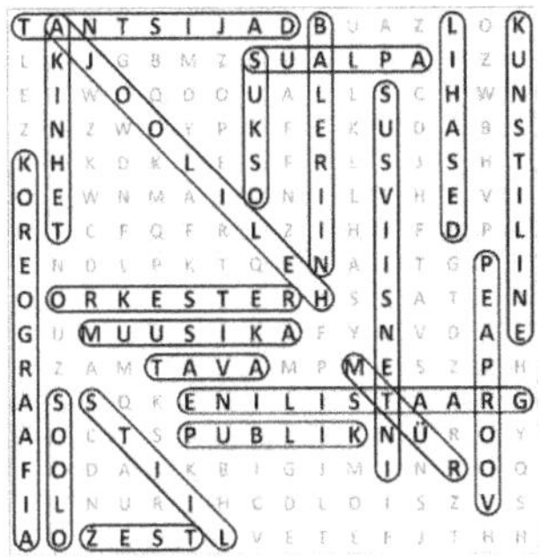

53 - Fruit

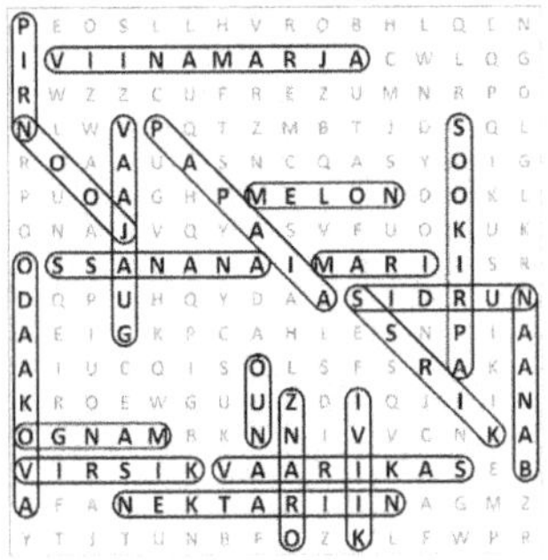

54 - Musique

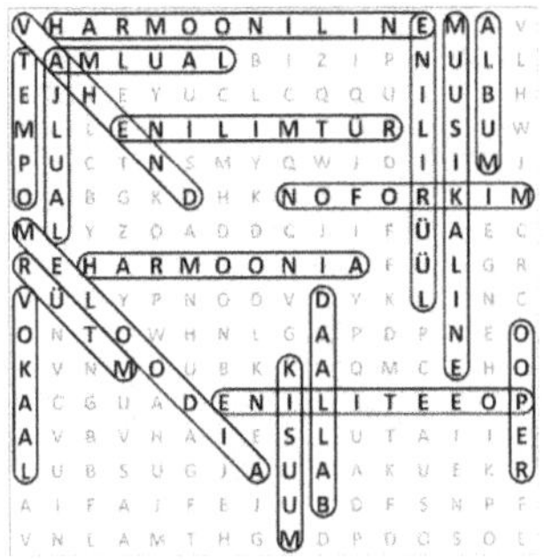

55 - Météo

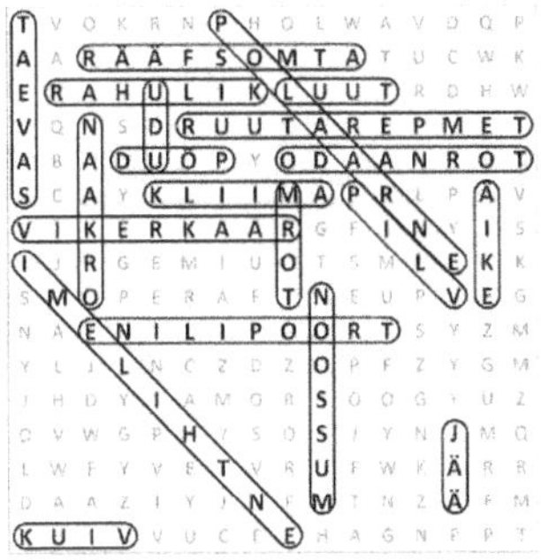

56 - Gouvernement

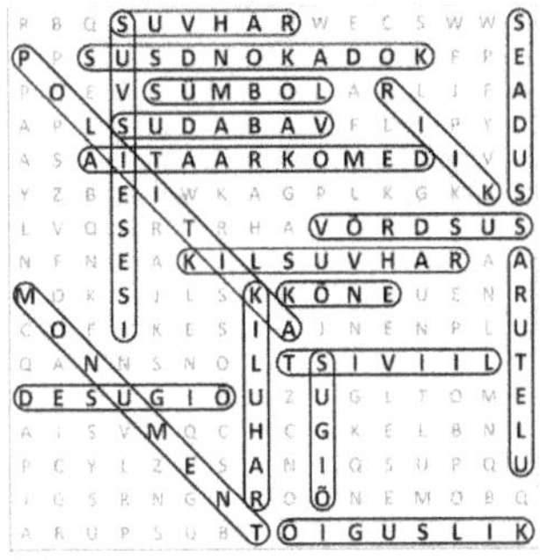

57 - Randonnée

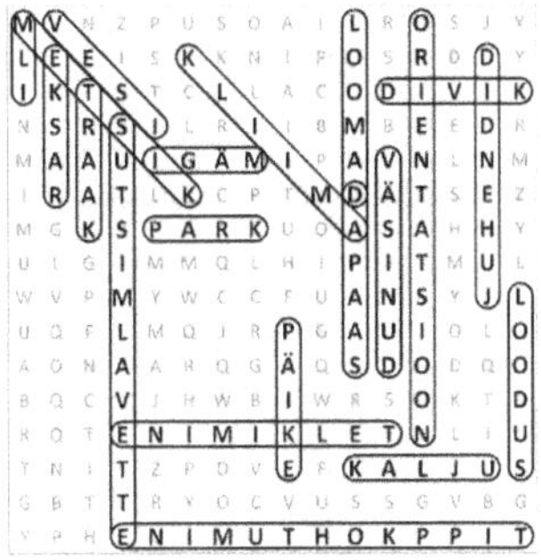

58 - Art

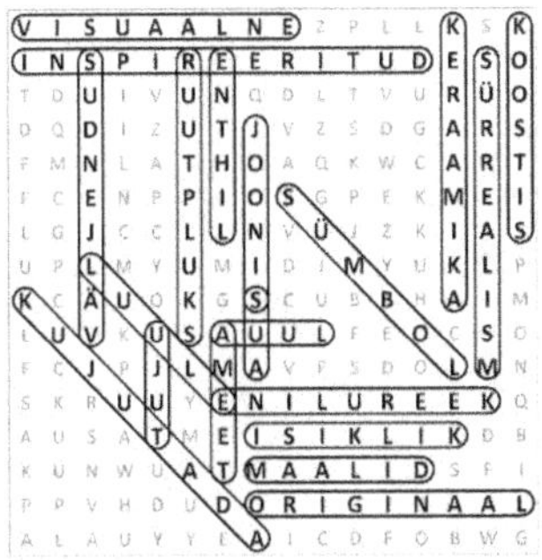

59 - Nutrition

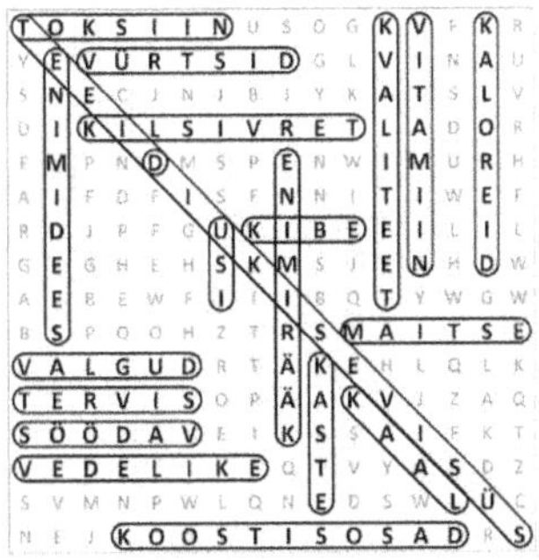

60 - Créativité

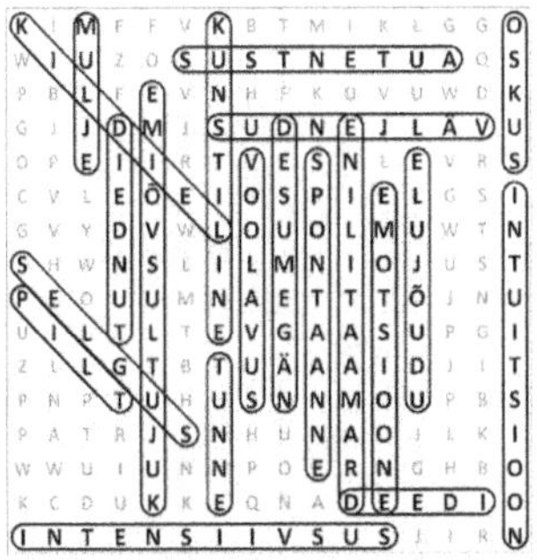

61 - Science Fiction

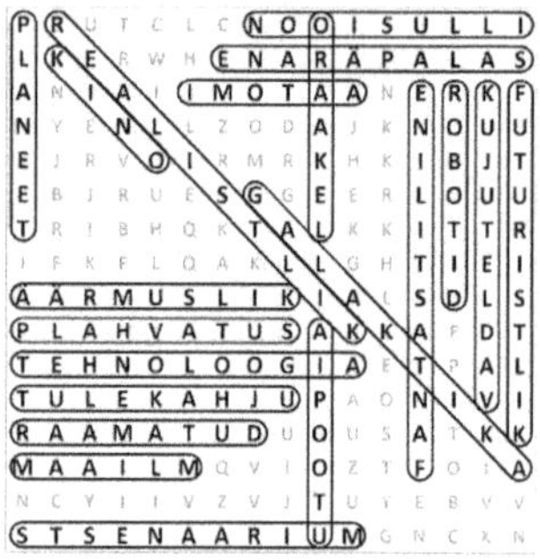

62 - Professions #1

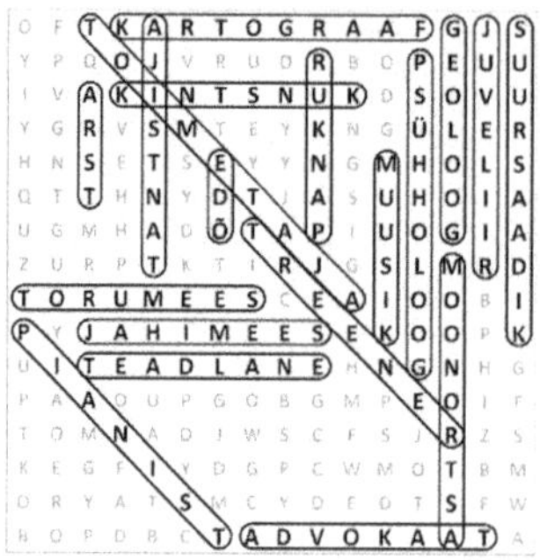

63 - Géologie

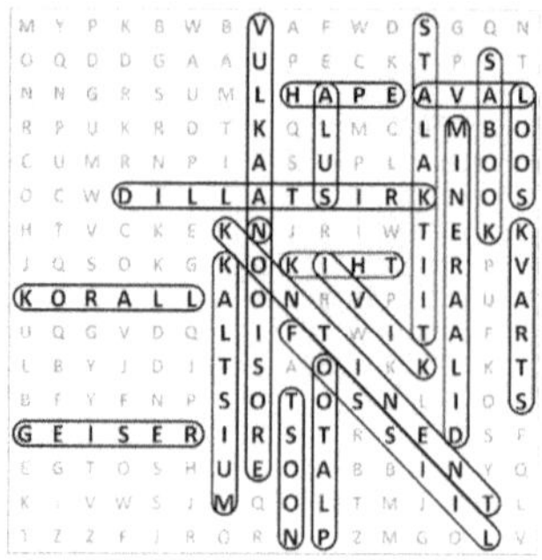

64 - Jardin

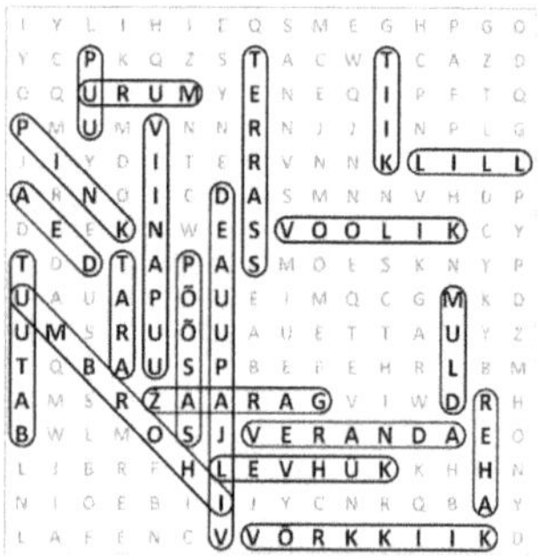

65 - Santé et Bien Être #1

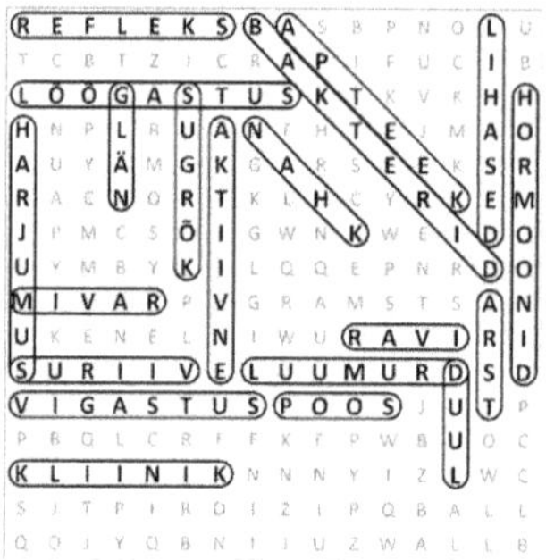

66 - Barbecues

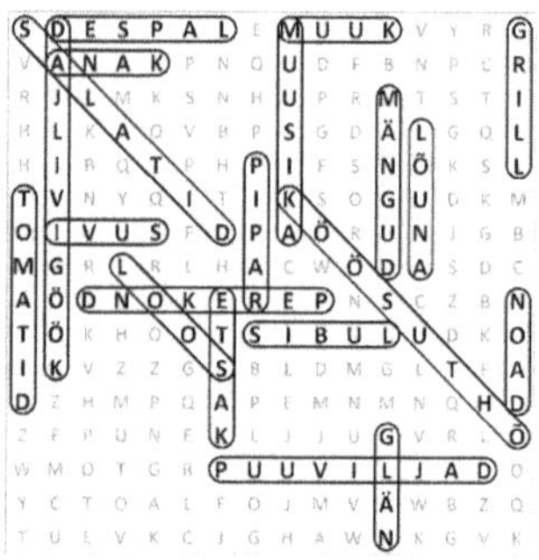

67 - Forêt Tropicale

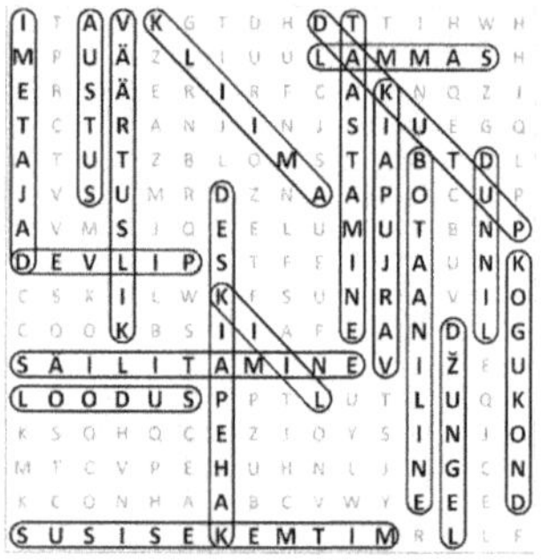

68 - Ferme #1

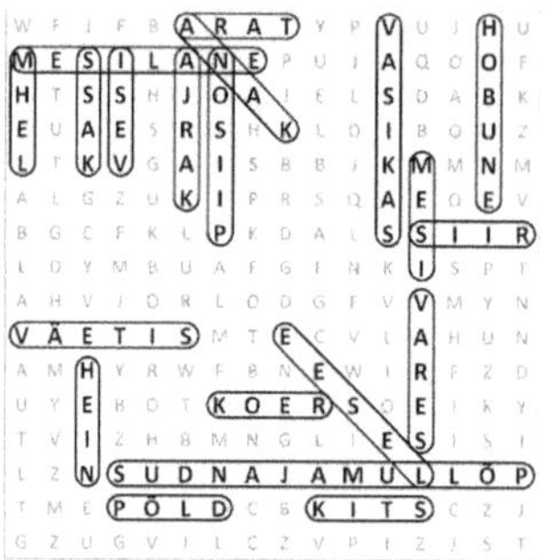

69 - Antarctique

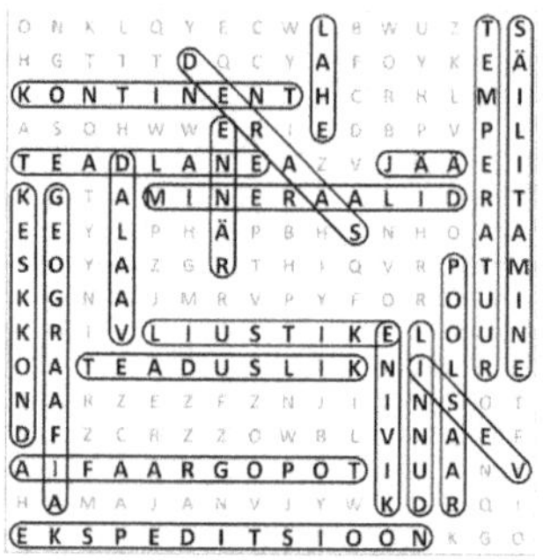

70 - Professions #2

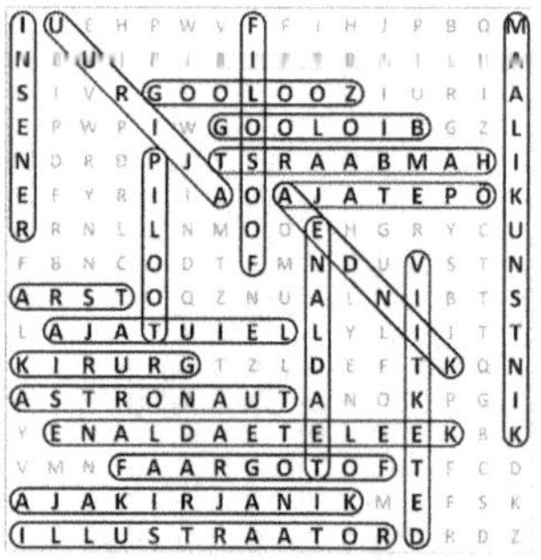

71 - Les Abeilles

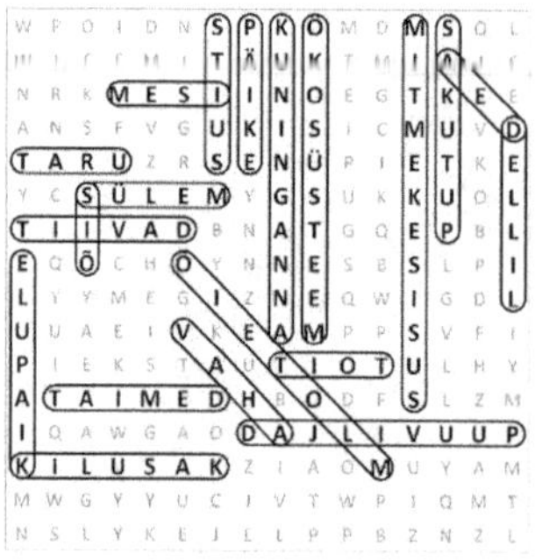

72 - Santé et Bien Être #2

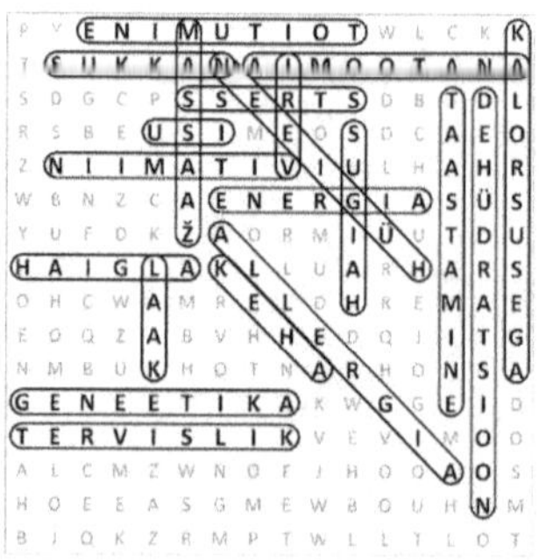

73 - Conduite

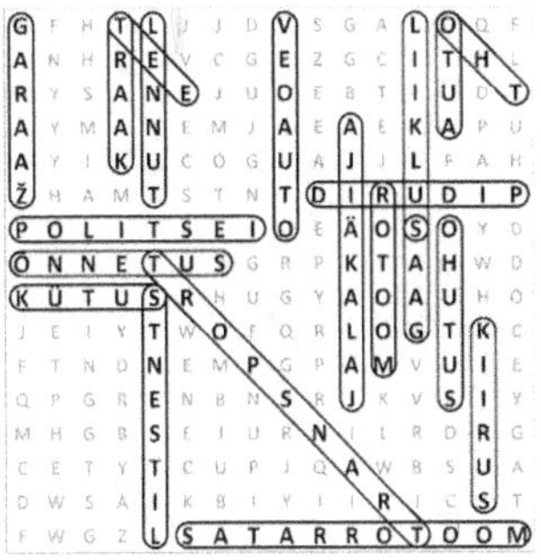

74 - Plantes

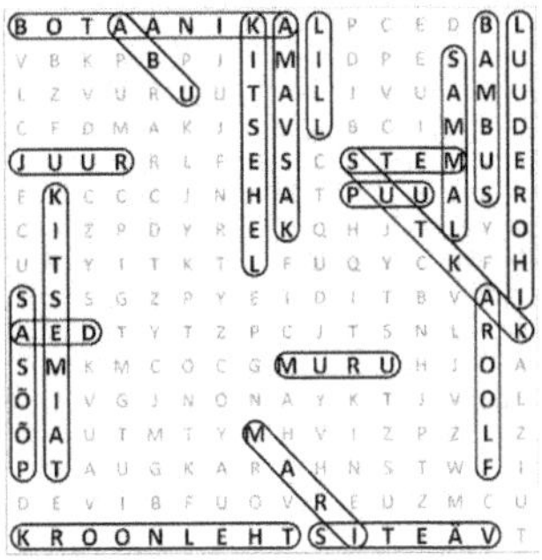

75 - Ferme #2

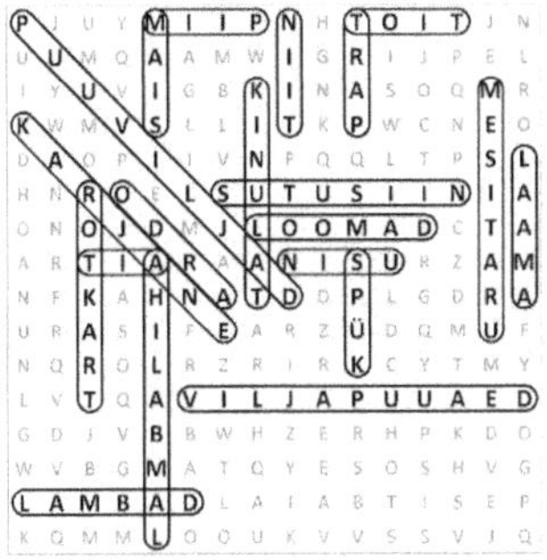

76 - Vacances #2

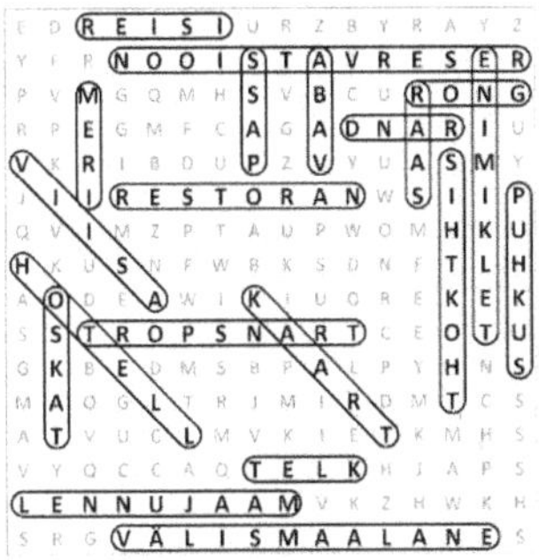

77 - Éthique

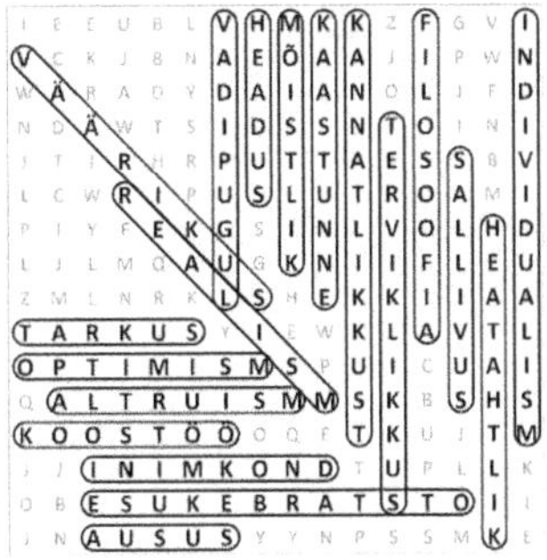

78 - Temps

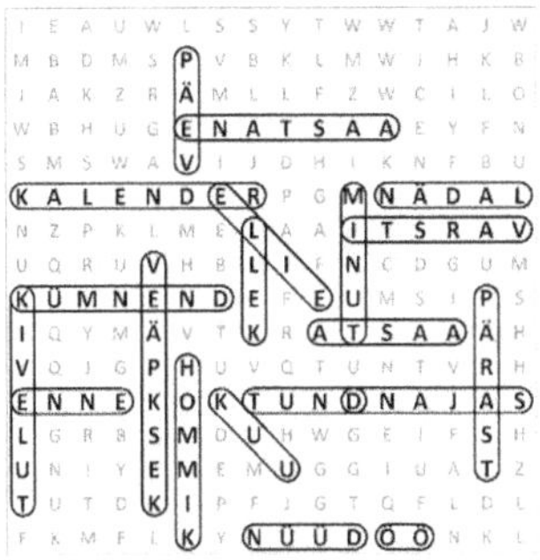

79 - Maison

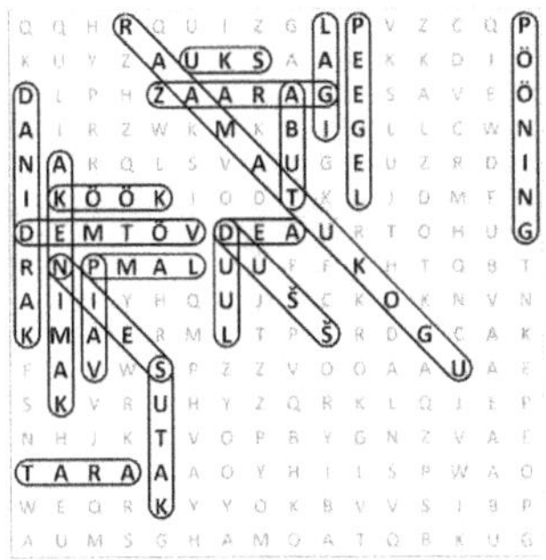

80 - Légumes

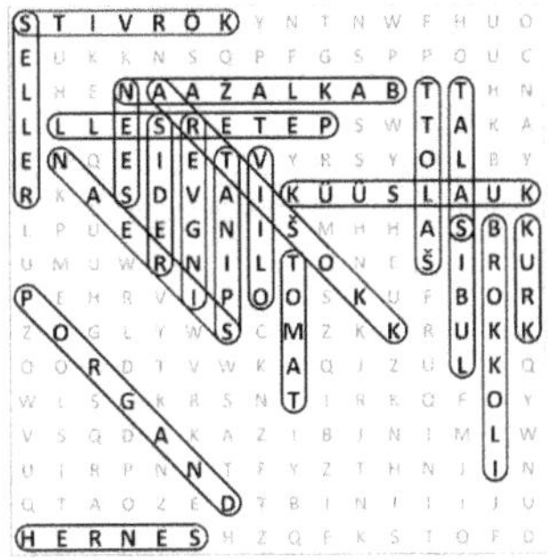

81 - Famille

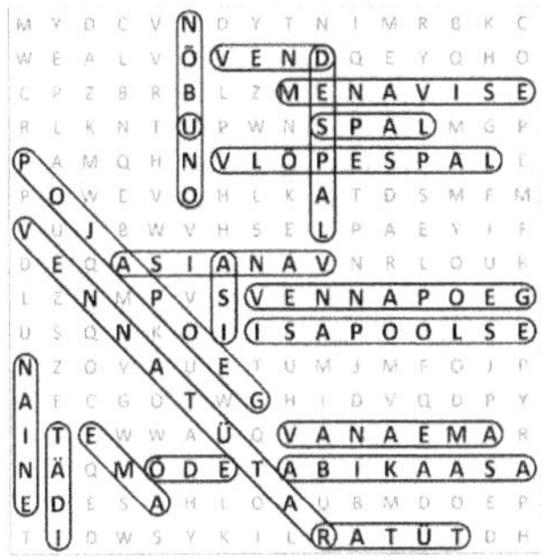

82 - Oiseaux

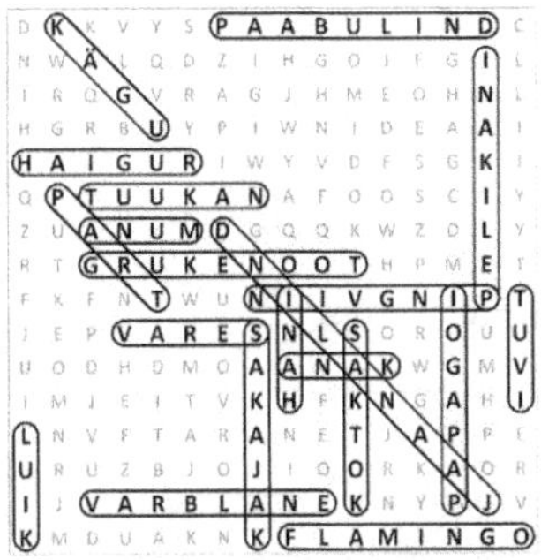

83 - Disciplines Scientifiques

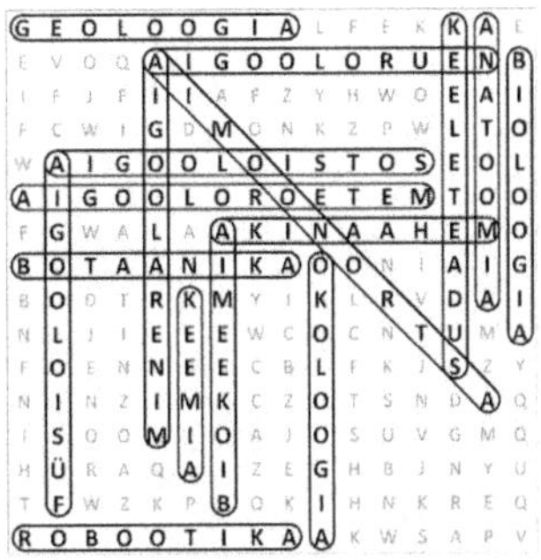

84 - Maladie

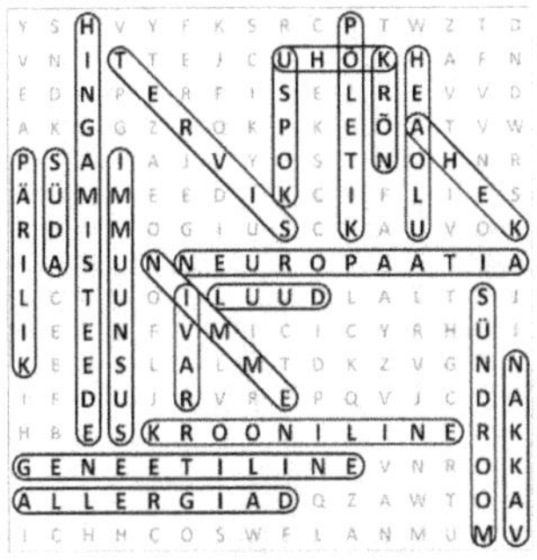

85 - Univers

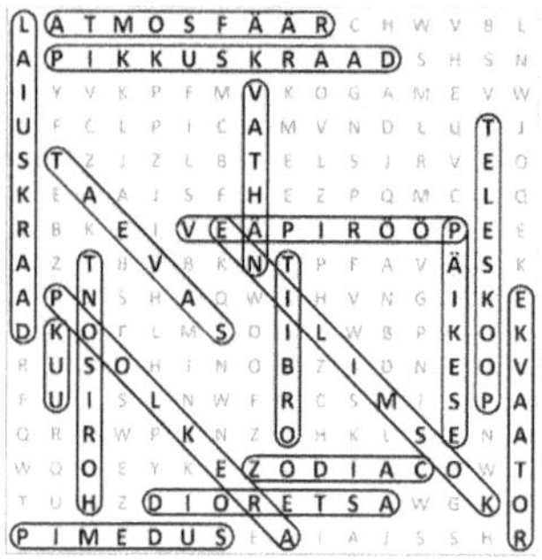

86 - Géographie

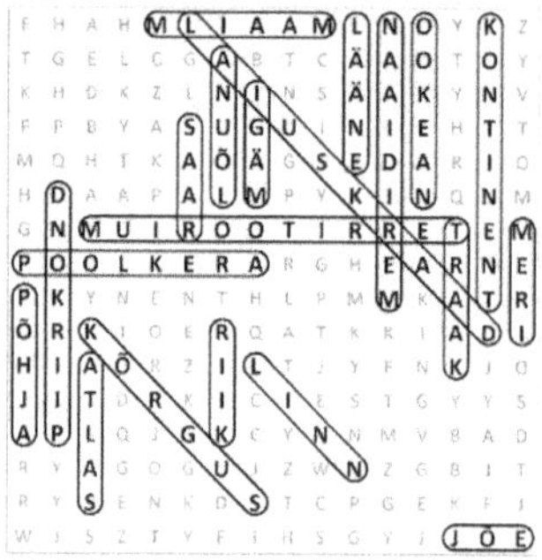

87 - Bâtiments

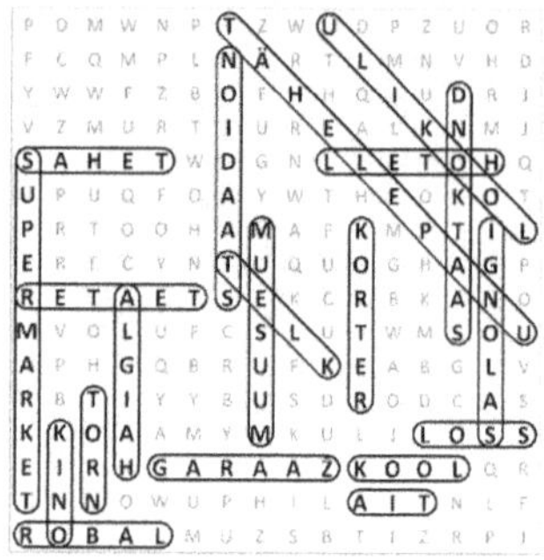

88 - Activités et Loisirs

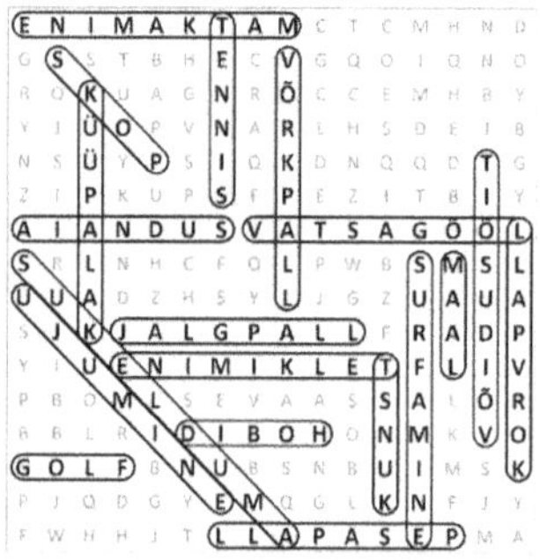

89 - Livres

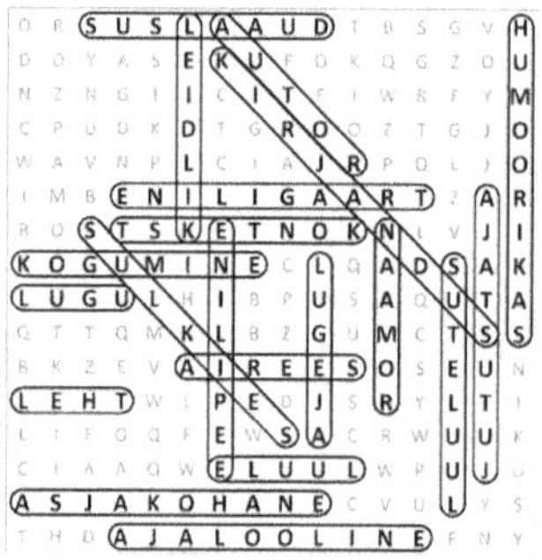

90 - Pays #2

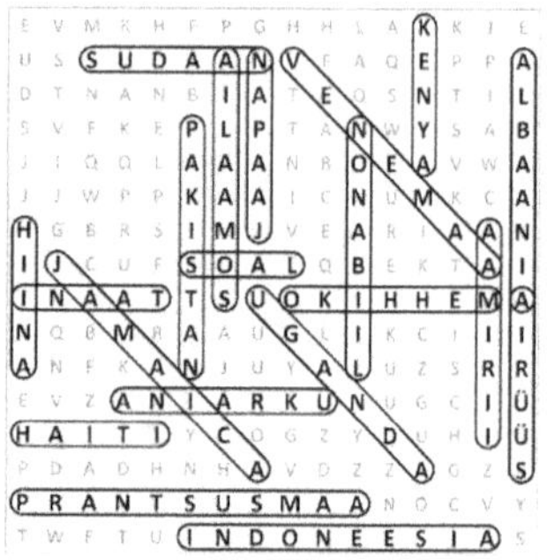

91 - Fournitures d'Art

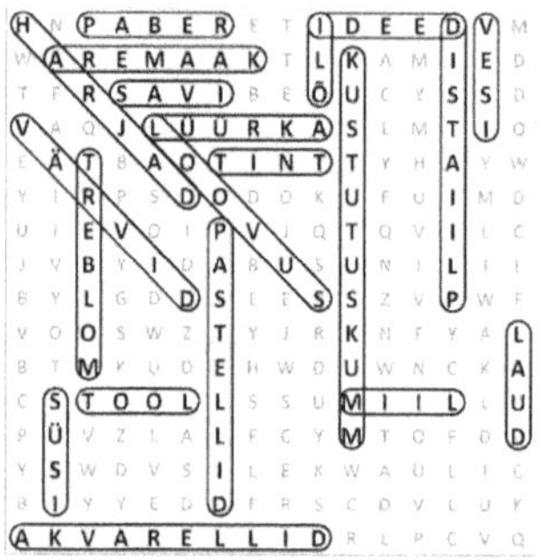

92 - Eau

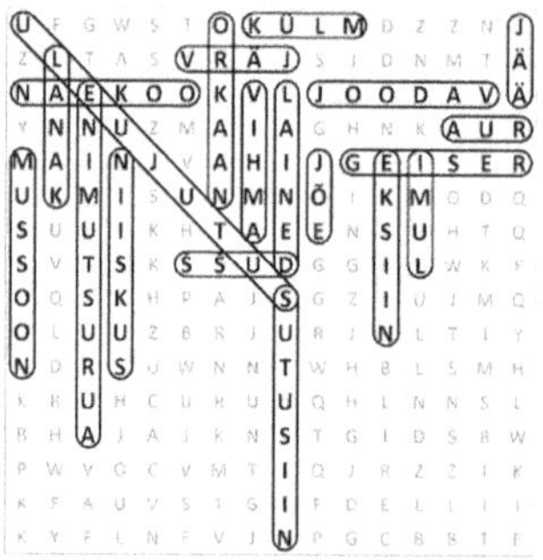

93 - Jazz

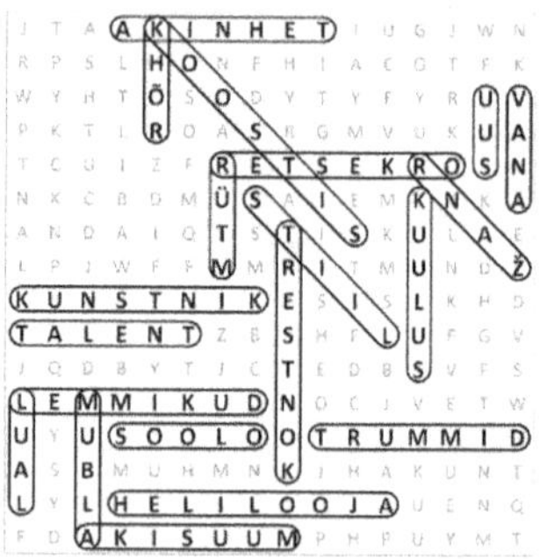

94 - Paysages

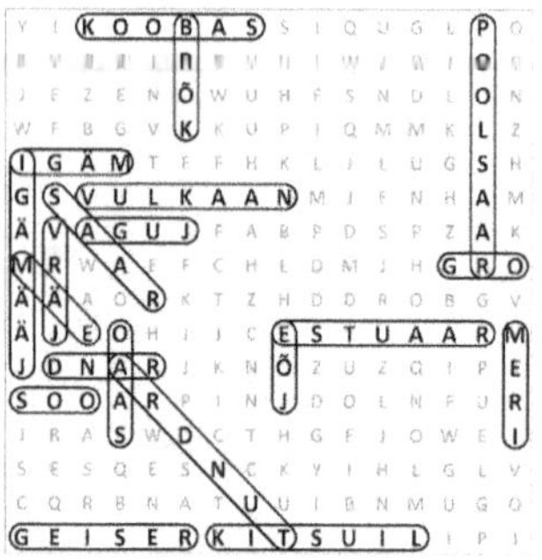

95 - Pays #1

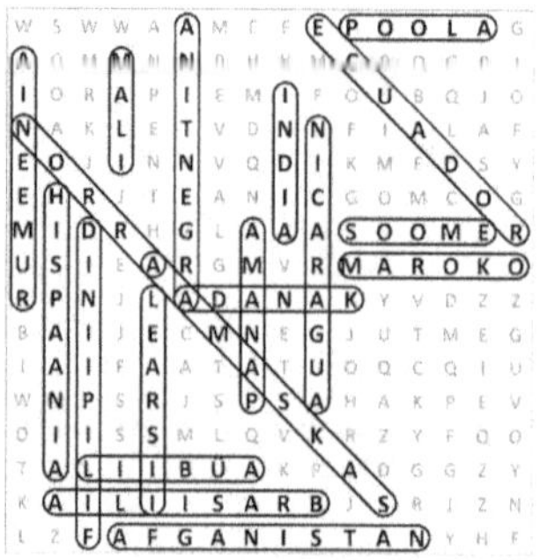

96 - Nombres

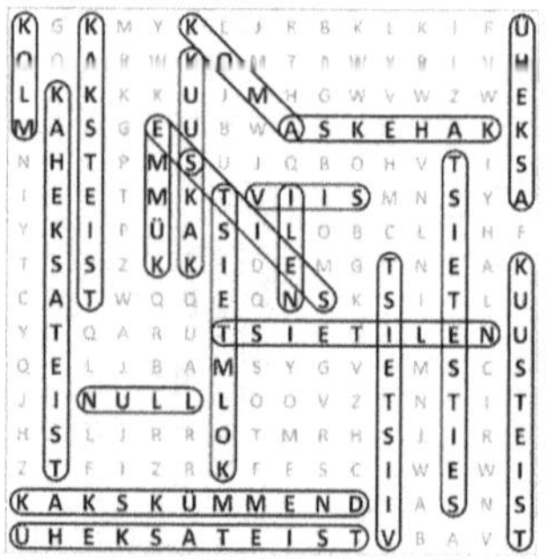

97 - Nature

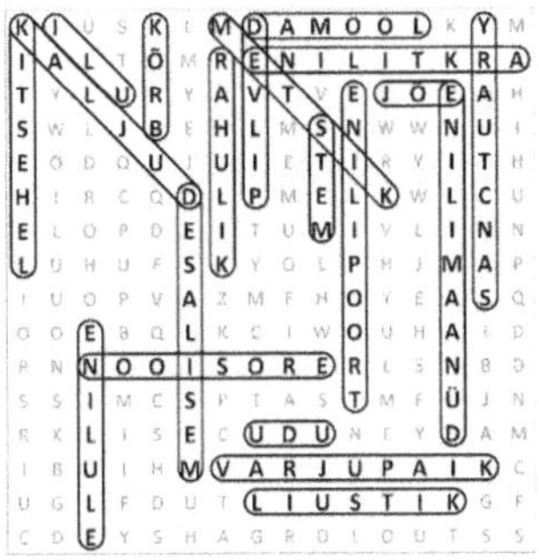

98 - Chimie

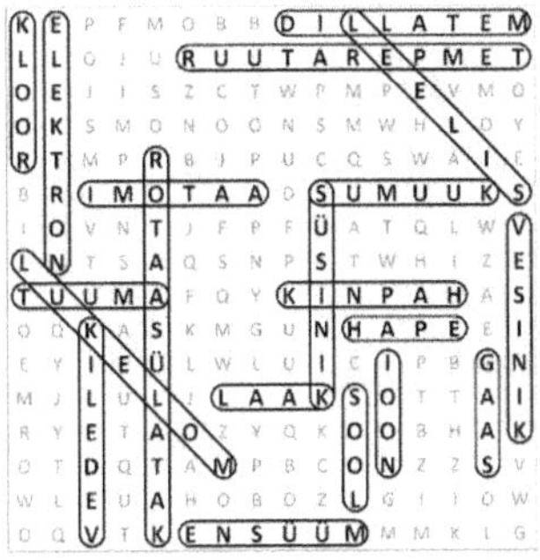

99 - Bateaux

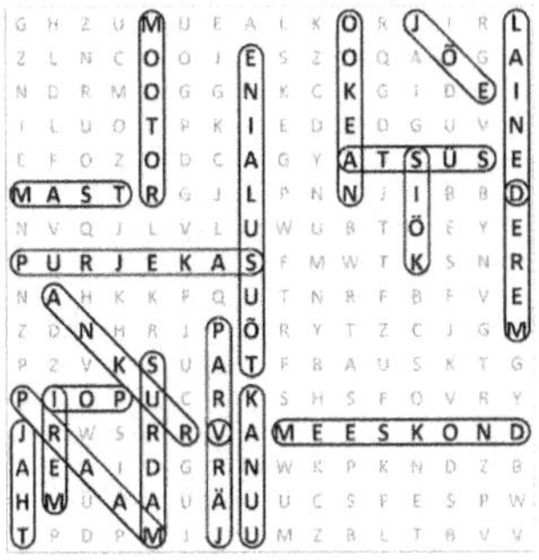

100 - Mesures

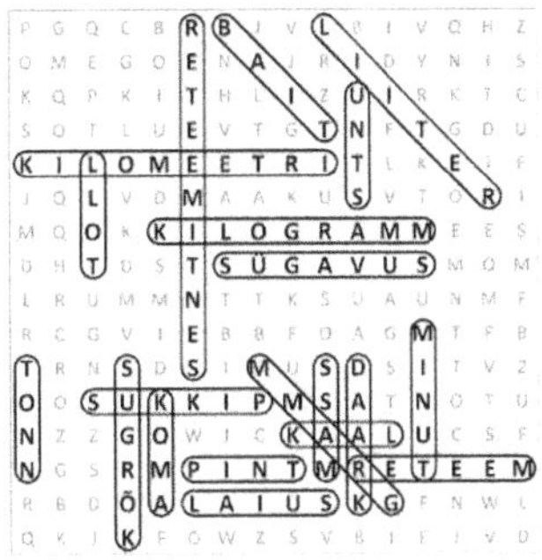

Dictionnaire

Activités
Tegevused

Activité	Tegevus
Art	Kunst
Artisanat	Käsitöö
Camping	Telkimine
Céramique	Keraamika
Chasse	Jaht
Compétence	Oskus
Couture	Õmblemine
Intérêts	Huvid
Jardinage	Aiandus
Jeux	Mängud
Lecture	Lugemine
Loisir	Vaba
Magie	Maagia
Peinture	Maal
Pêche	Kalapüük
Photographie	Fotograafia
Plaisir	Rõõm
Randonnée	Matkamine
Relaxation	Lõõgastus

Activités et Loisirs
Tegevused ja Vaba Aeg

Art	Kunst
Base-Ball	Pesapall
Basket-Ball	Korvpall
Boxe	Poks
Camping	Telkimine
Course	Võidusõit
Football	Jalgpall
Golf	Golf
Jardinage	Aiandus
Nager	Ujumine
Passe-Temps	Hobid
Peinture	Maal
Pêche	Kalapüük
Plongée	Sukelduma
Randonnée	Matkamine
Relaxant	Lõõgastav
Surf	Surfamine
Tennis	Tennis
Volley-Ball	Võrkpall
Voyage	Reisimine

Adjectifs #1
Omadussõnad #1

Absolu	Absoluutne
Actif	Aktiivne
Aromatique	Aromaatne
Artistique	Kunstiline
Attractif	Atraktiivne
Beau	Ilus
Exotique	Eksootiline
Généreux	Helde
Grand	Suur
Honnête	Aus
Identique	Identne
Important	Tähtis
Innocent	Süütu
Jeune	Noor
Lent	Aeglane
Lourd	Raske
Mince	Õhuke
Moderne	Kaasaegne
Parfait	Täiuslik
Utile	Abivalmis

Adjectifs #2
Omadussõnad #2

Authentique	Autentne
Célèbre	Kuulus
Créatif	Loominguline
Descriptif	Kirjeldav
Doué	Andekas
Dramatique	Dramaatiline
Élégant	Elegantne
Fier	Uhke
Fort	Tugev
Intéressant	Huvitav
Naturel	Looduslik
Nouveau	Uus
Productif	Produktiivne
Puissant	Võimas
Pur	Puhas
Responsable	Vastutav
Sain	Tervislik
Salé	Soolane
Sauvage	Metsik
Sec	Kuiv

Agronomie
Agronoomia

Agriculture	Põllumajandus
Croissance	Kasv
Eau	Vesi
Engrais	Väetis
Environnement	Keskkond
Écologie	Ökoloogia
Énergie	Energia
Érosion	Erosioon
Étude	Uuring
Graines	Seemned
Légumes	Köögiviljad
Maladies	Haigused
Nourriture	Toit
Pollution	Reostus
Production	Tootmine
Recherche	Uurimistöö
Rural	Maaelu
Science	Teadus
Sol	Muld
Systèmes	Süsteemid

Algèbre
Algebra

Diagramme	Skeem
Exposant	Eksponent
Équation	Võrrand
Facteur	Tegur
Faux	Vale
Formule	Valem
Fraction	Fraktsioon
Graphique	Graafik
Infini	Lõpmatu
Linéaire	Lineaarne
Matrice	Maatriks
Nombre	Arv
Parenthèse	Sulg
Problème	Probleem
Quantité	Kogus
Simplifier	Lihtsustama
Solution	Lahendus
Soustraction	Lahutamine
Variable	Muutuja
Zéro	Null

Antarctique
Antarktika

Baie	Lahe
Baleines	Vaalad
Chercheur	Teadlane
Conservation	Säilitamine
Continent	Kontinent
Eau	Vesi
Environnement	Keskkond
Expédition	Ekspeditsioon
Géographie	Geograafia
Glace	Jää
Glaciers	Liustike
Îles	Saared
Migration	Ränne
Minéraux	Mineraalid
Oiseaux	Linnud
Péninsule	Poolsaar
Rocheux	Kivine
Scientifique	Teaduslik
Température	Temperatuur
Topographie	Topograafia

Antiquités
Antiikesemed

Art	Kunst
Authentique	Autentne
Bijoux	Ehted
Décoratif	Dekoratiivne
Enchères	Oksjon
Élégant	Elegantne
Galerie	Galerii
Inhabituel	Ebaharilik
Investissement	Investeering
Meubles	Mööbel
Peintures	Maalid
Pièces	Mündid
Prix	Hind
Qualité	Kvaliteet
Restauration	Taastamine
Sculpture	Skulptuur
Siècle	Sajand
Style	Stiil
Valeur	Väärtus
Vieux	Vana

Archéologie
Arheoloogia

Analyse	Analüüs
Années	Aastat
Antiquité	Antiikajast
Chercheur	Teadlane
Descendant	Järeltulija
Expert	Ekspert
Ère	Ajastu
Équipe	Meeskond
Évaluation	Hindamine
Fossile	Fossiil
Inconnu	Tundmatu
Mystère	Mõistatus
Objets	Objektid
Os	Luud
Oublié	Unustatud
Poterie	Keraamika
Professeur	Professor
Relique	Reliikvia
Temple	Tempel
Tombe	Haud

Art
Kunst

Céramique	Keraamika
Complexe	Keeruline
Composition	Koostis
Créer	Luua
Dépeindre	Kujutada
Expression	Väljendus
Figure	Joonis
Honnête	Aus
Humeur	Tuju
Inspiré	Inspireeritud
Original	Originaal
Peintures	Maalid
Personnel	Isiklik
Poésie	Luule
Sculpture	Skulptuur
Simple	Lihtne
Sujet	Teema
Surréalisme	Sürrealism
Symbole	Sümbol
Visuel	Visuaalne

Arts Visuels
Visuaalne Kunst

Architecture	Arhitektuur
Argile	Savi
Artiste	Kunstnik
Céramique	Keraamika
Charbon	Süsi
Chef-D'Œuvre	Meistriteos
Chevalet	Molbert
Cire	Vaha
Composition	Koostis
Craie	Kriit
Crayon	Pliiats
Créativité	Loovus
Film	Film
Peinture	Maali
Perspective	Perspektiiv
Photographie	Foto
Pochoir	Šabloon
Portrait	Portree
Sculpture	Skulptuur
Vernis	Lakk

Astronomie
Astronoomia

Astéroïde	Asteroid
Astronaute	Astronaut
Astronome	Astronoom
Ciel	Taevas
Constellation	Tähtkuju
Cosmos	Kosmos
Éclipse	Vajutus
Équinoxe	Pööripäev
Fusée	Rakett
Galaxie	Galaktika
Lune	Kuu
Météore	Meteoor
Nébuleuse	Udukogu
Observatoire	Tähelepanu
Planète	Planeet
Radiation	Kiirgus
Solaire	Päikese
Supernova	Supernoova
Terre	Maa
Univers	Universum

Aventure
Seiklus

Activité	Tegevus
Amis	Sõbrad
Beauté	Ilu
Chance	Võimalus
Dangereux	Ohtlik
Destination	Sihtkoht
Défis	Väljakutsed
Difficulté	Raskused
Enthousiasme	Entusiasm
Excursion	Ekskursioon
Inhabituel	Ebaharilik
Itinéraire	Teekond
Joie	Rõõm
Nature	Loodus
Navigation	Navigatsioon
Nouveau	Uus
Préparation	Ettevalmistus
Sécurité	Ohutus
Surprenant	Üllatav

Avions
Lennukid

Air	Õhk
Atmosphère	Atmosfäär
Atterrissage	Maandumine
Aventure	Seiklus
Ballon	Õhupall
Carburant	Kütus
Ciel	Taevas
Construction	Ehitus
Descente	Laskumine
Direction	Suund
Équipage	Meeskond
Gonfler	Paisutavad
Hauteur	Kõrgus
Hélices	Propeller
Histoire	Ajalugu
Hydrogène	Vesinik
Moteur	Mootor
Passager	Reisija
Pilote	Piloot
Turbulence	Turbulents

Ballet
Ballett

Applaudissement	Aplaus
Artistique	Kunstiline
Ballerine	Baleriin
Chorégraphie	Koreograafia
Compétence	Oskus
Compositeur	Helilooja
Danseurs	Tantsijad
Geste	Žest
Gracieux	Graatsiline
Intensité	Intensiivsus
Muscles	Lihased
Musique	Muusika
Orchestre	Orkester
Pratique	Tava
Public	Publik
Répétition	Peaproov
Rythme	Rütm
Solo	Soolo
Style	Stiil
Technique	Tehnika

Barbecues
Grillid

Chaud	Kuum
Couteaux	Noad
Déjeuner	Lõuna
Dîner	Õhtusöök
Enfants	Lapsed
Été	Suvi
Faim	Nälg
Famille	Perekond
Fruit	Puuviljad
Gril	Grill
Jeux	Mängud
Légumes	Köögiviljad
Musique	Muusika
Oignons	Sibul
Poivre	Pipar
Poulet	Kana
Salades	Salatid
Sauce	Kaste
Sel	Sool
Tomates	Tomatid

Bateaux
Paadid

Ancre	Ankur
Bouée	Poi
Canoë	Kanuu
Corde	Köis
Équipage	Meeskond
Ferry	Praam
Fleuve	Jõe
Kayak	Süsta
Lac	Järv
Marée	Tõusulaine
Marin	Madrus
Mât	Mast
Mer	Meri
Moteur	Mootor
Nautique	Mered
Océan	Ookean
Radeau	Parv
Vagues	Lained
Voilier	Purjekas
Yacht	Jaht

Bâtiments
Hooned

Ambassade	Saatkond
Appartement	Korter
Cabine	Salongi
Château	Loss
Cinéma	Kino
École	Kool
Garage	Garaaž
Grange	Ait
Hôpital	Haigla
Hôtel	Hotell
Laboratoire	Labor
Musée	Muuseum
Observatoire	Tähelepanu
Stade	Staadion
Supermarché	Supermarket
Tente	Telk
Théâtre	Teater
Tour	Torn
Université	Ülikool
Usine	Tehas

Beauté
Ilu

Boucles	Lokid
Charme	Võlu
Ciseaux	Käärid
Cosmétique	Kosmeetika
Couleur	Värv
Élégance	Elegants
Élégant	Elegantne
Grâce	Armu
Huiles	Õlid
Lisse	Sile
Maquillage	Meik
Mascara	Ripsmetušš
Miroir	Peegel
Parfum	Aroom
Peau	Nahk
Photogénique	Fotogeenne
Rouge à Lèvres	Huulepulk
Services	Teenused
Shampooing	Šampoon
Styliste	Stilist

Biologie
Bioloogia

Anatomie	Anatoomia
Bactéries	Bakterid
Cellule	Kamber
Chromosome	Kromosoom
Collagène	Kollageen
Embryon	Embrüo
Enzyme	Ensüüm
Évolution	Evolutsioon
Hormone	Hormoon
Mammifère	Imetaja
Mutation	Mutatsioon
Naturel	Looduslik
Nerf	Närv
Neurone	Neuron
Osmose	Osmoos
Photosynthèse	Fotosüntees
Protéine	Valk
Reptile	Roomaja
Symbiose	Sümbioos
Synapse	Sünaps

Boxe
Poks

Adversaire	Vastane
Arbitre	Kohtunik
Blessures	Vigastused
Cloche	Bell
Coin	Nurk
Combattant	Võitleja
Compétence	Oskus
Concentrer	Fookus
Cordes	Köied
Corps	Keha
Coude	Küünarnukk
Coup	Kick
Épuisé	Ammendatud
Force	Tugevus
Gants	Kindad
Menton	Lõug
Poing	Rusikas
Points	Punktid
Rapide	Kiire
Récupération	Taastamine

Camping
Kämping

Animaux	Loomad
Aventure	Seiklus
Boussole	Kompass
Cabine	Salongi
Canoë	Kanuu
Carte	Kaart
Chapeau	Müts
Chasse	Jaht
Corde	Köis
Équipement	Varustus
Feu	Tulekahju
Forêt	Mets
Hamac	Võrkkiik
Insecte	Putukas
Lac	Järv
Lanterne	Latern
Lune	Kuu
Montagne	Mägi
Nature	Loodus
Tente	Telk

Chimie
Keemia

Acide	Hape
Alcalin	Leelis
Atomique	Aatomi
Carbone	Süsinik
Catalyseur	Katalüsaator
Chaleur	Kuumus
Chlore	Kloor
Enzyme	Ensüüm
Électron	Elektron
Gaz	Gaas
Hydrogène	Vesinik
Ion	Ioon
Liquide	Vedelik
Métaux	Metallid
Molécule	Molekul
Nucléaire	Tuuma
Oxygène	Hapnik
Poids	Kaal
Sel	Sool
Température	Temperatuur

Chocolat
Šokolaad

Amer	Kibe
Antioxydant	Antioksüdant
Arôme	Aroom
Artisanal	Käsitöö
Bonbon	Kommid
Cacahuètes	Maapähklid
Cacao	Kakao
Calories	Kaloreid
Caramel	Karamell
Délicieux	Maitsev
Doux	Magus
Exotique	Eksootiline
Favori	Lemmik
Goût	Maitse
Ingrédient	Koostisosa
Noix de Coco	Kookospähkel
Poudre	Pulber
Qualité	Kvaliteet
Recette	Retsept
Sucre	Suhkur

Conduite
Sõitmine

Accident	Õnnetus
Camion	Veoauto
Carburant	Kütus
Carte	Kaart
Danger	Oht
Freins	Pidurid
Garage	Garaaž
Gaz	Gaas
Licence	Litsents
Moteur	Mootor
Moto	Mootorratas
Piéton	Jalakäija
Police	Politsei
Route	Tee
Sécurité	Ohutus
Trafic	Liiklus
Transport	Transport
Tunnel	Tunnel
Vitesse	Kiirus
Voiture	Auto

Corps Humain
Inimkeha

Bouche	Suu
Cerveau	Aju
Cheville	Pahkluu
Cou	Kael
Coude	Küünarnukk
Cœur	Süda
Doigt	Sõrm
Estomac	Kõht
Épaule	Õlg
Genou	Põlv
Lèvres	Huuled
Main	Käsi
Mâchoire	Lõualuu
Menton	Lõug
Nez	Nina
Oreille	Kõrv
Peau	Nahk
Sang	Veri
Tête	Pea
Visage	Nägu

Créativité
Loovus

Artistique	Kunstiline
Authenticité	Autentsus
Clarté	Selgus
Compétence	Oskus
Dramatique	Dramaatiline
Expression	Väljendus
Émotions	Emotsioone
Fluidité	Voolavus
Idées	Ideed
Image	Pilt
Imagination	Kujutlusvõime
Impression	Mulje
Intensité	Intensiivsus
Intuition	Intuitsioon
Inventif	Leidlik
Sensation	Tunne
Sentiments	Tundeid
Spontané	Spontaanne
Visions	Nägemused
Vitalité	Elujõudu

Cuisine
Köök

Baguettes	Söögipulgad
Bol	Kauss
Bouilloire	Veekeetja
Congélateur	Sügavkülmik
Couteaux	Noad
Cruche	Kann
Cuillères	Lusikad
Épices	Vürtsid
Éponge	Käsna
Four	Ahi
Fourchettes	Kahvlid
Gril	Grill
Louche	Kulp
Nourriture	Toit
Pot	Purk
Recette	Retsept
Réfrigérateur	Külmik
Serviette	Salvrätik
Tablier	Põll
Tasses	Tass

Diplomatie
Diplomaatia

Ambassade	Saatkond
Ambassadeur	Suursaadik
Campagnes	Kampaaniad
Citoyens	Kodanikud
Communauté	Kogukond
Conflit	Konflikt
Conseiller	Nõunik
Coopération	Koostöö
Discussion	Arutelu
Éthique	Eetika
Étranger	Võõra
Gouvernement	Valitsus
Humanitaire	Humanitaar
Intégrité	Terviklikkus
Justice	Õigus
Politique	Poliitika
Résolution	Resolutsioon
Sécurité	Turvalisus
Solution	Lahendus
Traité	Leping

Disciplines Scientifiques
Teaduslikud Distsipliinid

Anatomie	Anatoomia
Archéologie	Arheoloogia
Astronomie	Astronoomia
Biochimie	Biokeemia
Biologie	Bioloogia
Botanique	Botaanika
Chimie	Keemia
Écologie	Ökoloogia
Géologie	Geoloogia
Immunologie	Immunoloogia
Linguistique	Keeleteadus
Mécanique	Mehaanika
Météorologie	Meteoroloogia
Minéralogie	Mineraloogia
Neurologie	Neuroloogia
Physiologie	Füsioloogia
Psychologie	Psühholoogia
Robotique	Robootika
Sociologie	Sotsioloogia
Zoologie	Zooloogia

Eau
Vesi

Canal	Kanal
Douche	Dušš
Évaporation	Aurustumine
Fleuve	Jõe
Gel	Külm
Geyser	Geiser
Glace	Jää
Humide	Niiske
Humidité	Niiskus
Inondation	Üleujutus
Irrigation	Niisutus
Lac	Järv
Mousson	Mussoon
Neige	Lumi
Océan	Ookean
Ouragan	Orkaan
Pluie	Vihma
Potable	Joodav
Vagues	Lained
Vapeur	Aur

Entreprise
Äri

Argent	Raha
Boutique	Pood
Budget	Eelarve
Bureau	Kontor
Carrière	Karjäär
Coût	Kulu
Devise	Valuuta
Employeur	Tööandja
Employé	Töötaja
Entreprise	Ettevõte
Économie	Ökonoomika
Finance	Rahandus
Impôts	Maksud
Investissement	Investeering
Marchandise	Kaup
Profit	Kasum
Revenu	Sissetulek
Transaction	Tehing
Usine	Tehas
Vente	Müük

Électricité
Elekter

Aimant	Magnet
Ampoule	Pirn
Batterie	Aku
Câble	Kaabel
Électricien	Elektrik
Électrique	Elektriline
Équipement	Varustus
Fils	Juhtmed
Générateur	Generaator
Lampe	Lamp
Laser	Laser
Négatif	Negatiivne
Objets	Objektid
Positif	Positiivne
Prise	Pistikupesa
Quantité	Kogus
Réseau	Võrk
Stockage	Ladustamine
Téléphone	Telefon
Télévision	Televisioon

Énergie
Energia

Batterie	Aku
Carbone	Süsinik
Carburant	Kütus
Chaleur	Kuumus
Diesel	Diisel
Entropie	Entroopia
Environnement	Keskkond
Essence	Bensiin
Électrique	Elektriline
Électron	Elektron
Hydrogène	Vesinik
Industrie	Tööstus
Moteur	Mootor
Nucléaire	Tuuma
Photon	Footon
Pollution	Reostus
Renouvelable	Uuendav
Soleil	Päike
Turbine	Turbiin
Vent	Tuul

Épices
Vürtsid

Aigre	Hapu
Ail	Küüslauk
Amer	Kibe
Anis	Aniisi
Cannelle	Kaneel
Cardamome	Kardemon
Coriandre	Koriandri
Cumin	Köömned
Curry	Karri
Fenouil	Apteegitill
Gingembre	Ingver
Muscade	Muskaatpähkel
Oignon	Sibul
Paprika	Paprika
Poivre	Pipar
Réglisse	Lagrits
Safran	Safran
Saveur	Maitse
Sel	Sool
Vanille	Vanill

Éthique
Eetika

Altruisme	Altruism
Bienveillant	Heatahtlik
Compassion	Kaastunne
Coopération	Koostöö
Dignité	Väärikus
Gentillesse	Headus
Honnêteté	Ausus
Humanité	Inimkond
Individualisme	Individualism
Intégrité	Terviklikkust
Optimisme	Optimism
Patience	Kannatlikkust
Philosophie	Filosoofia
Raisonnable	Mõistlik
Rationalité	Otstarbekuse
Respectueux	Lugupidav
Réalisme	Realism
Sagesse	Tarkus
Tolérance	Sallivus
Valeurs	Väärtused

Famille
Perekond

Ancêtre	Esivanem
Cousin	Nõbu
Enfance	Lapsepõlv
Enfant	Laps
Enfants	Lapsed
Femme	Naine
Fille	Tütar
Frère	Vend
Grand-Mère	Vanaema
Grand-Père	Vanaisa
Mari	Abikaasa
Mère	Ema
Neveu	Vennapoeg
Nièce	Vennatütar
Oncle	Onu
Paternel	Isapoolse
Petit-Fils	Pojapoeg
Père	Isa
Soeur	Õde
Tante	Tädi

Ferme #1
Talu #1

Abeille	Mesilane
Agriculture	Põllumajandus
Âne	Eesel
Bison	Piison
Champ	Põld
Chat	Kass
Cheval	Hobune
Chèvre	Kits
Chien	Koer
Clôture	Tara
Corbeau	Vares
Eau	Vesi
Engrais	Väetis
Foin	Hein
Miel	Mesi
Poulet	Kana
Riz	Riis
Troupeau	Karja
Vache	Lehm
Veau	Vasikas

Ferme #2
Talu #2

Agneau	Lambaliha
Agriculteur	Talunik
Animaux	Loomad
Berger	Karjane
Blé	Nisu
Canard	Part
Fruit	Puuviljad
Grange	Ait
Irrigation	Niisutus
Lait	Piim
Lama	Laama
Maïs	Mais
Mouton	Lambad
Mûr	Küps
Nourriture	Toit
Orge	Odra
Pré	Niit
Ruche	Mesitaru
Tracteur	Traktor
Verger	Viljapuuaed

Fleurs
Lilled

Bouquet	Kimp
Gardénia	Gardeenia
Hibiscus	Hibisk
Jasmin	Jasmiin
Jonquille	Nartsiss
Lavande	Lavendel
Lilas	Lilla
Lys	Liilia
Magnolia	Magnoolia
Marguerite	Daisy
Orchidée	Orhidee
Passiflore	Kannatuslill
Pavot	Unimagun
Pétale	Kroonleht
Pissenlit	Võilill
Pivoine	Pojeng
Rose	Roos
Tournesol	Päevalill
Trèfle	Ristik
Tulipe	Tulbi

Force et Gravité
Jõud ja Gravitatsioon

Axe	Telg
Centre	Keskus
Découverte	Avastus
Distance	Kaugus
Dynamique	Dünaamiline
Expansion	Laienemine
Friction	Hõõrdumise
Impact	Mõju
Magnétisme	Magnetism
Mécanique	Mehaanika
Mouvement	Liikumine
Orbite	Orbiit
Physique	Füüsika
Planètes	Planeedid
Poids	Kaal
Pression	Rõhk
Propriétés	Omadused
Temps	Aeg
Universel	Universaalne
Vitesse	Kiirus

Forêt Tropicale
Vihmametsade

Amphibiens	Kahepaiksed
Botanique	Botaaniline
Climat	Kliima
Communauté	Kogukond
Diversité	Mitmekesisus
Espèce	Liik
Indigène	Põlisrahvaste
Insectes	Putukad
Jungle	Džungel
Mammifères	Imetajad
Mousse	Sammal
Nature	Loodus
Nuage	Pilved
Oiseaux	Linnud
Précieux	Väärtuslik
Préservation	Säilitamine
Refuge	Varjupaik
Respect	Austus
Restauration	Taastamine
Survie	Ellujäämine

Formes
Kujundid

Arc	Kaar
Bords	Servad
Carré	Ruut
Cercle	Ring
Coin	Nurk
Courbe	Kõver
Cône	Koonus
Côté	Pool
Cube	Kuubik
Cylindre	Silinder
Ellipse	Ellips
Hyperbole	Hüperbool
Ligne	Rida
Ovale	Ovaal
Polygone	Hulknurk
Prisme	Prisma
Pyramide	Püramiid
Rectangle	Ristkülik
Sphère	Kera
Triangle	Kolmnurk

Fournitures d'Art
Kunstitarbed

Acrylique	Akrüül
Aquarelles	Akvarellid
Argile	Savi
Brosses	Harjad
Caméra	Kaamera
Chaise	Tool
Charbon	Süsi
Chevalet	Molbert
Colle	Liim
Couleurs	Värvid
Crayons	Pliiatsid
Créativité	Loovus
Eau	Vesi
Encre	Tint
Gomme	Kustutuskumm
Huile	Õli
Idées	Ideed
Papier	Paber
Pastels	Pastellid
Table	Laud

Fruit
Puuviljad

Abricot	Aprikoos
Ananas	Ananass
Avocat	Avokaado
Baie	Mari
Banane	Banaan
Cerise	Kirss
Citron	Sidrun
Figue	Joon
Framboise	Vaarikas
Goyave	Guajaav
Kiwi	Kiivi
Mangue	Mango
Melon	Melon
Nectarine	Nektariin
Orange	Oranž
Papaye	Papaia
Pêche	Virsik
Poire	Pirn
Pomme	Õun
Raisin	Viinamarja

Géographie
Geograafia

Altitude	Kõrgus
Atlas	Atlas
Carte	Kaart
Continent	Kontinent
Fleuve	Jõe
Hémisphère	Poolkera
Île	Saar
Latitude	Laiuskraad
Mer	Meri
Méridien	Meridiaan
Monde	Maailm
Montagne	Mägi
Nord	Põhja
Océan	Ookean
Ouest	Lääne
Pays	Riik
Région	Piirkond
Sud	Lõuna
Territoire	Territoorium
Ville	Linn

Géologie
Geoloogia

Acide	Hape
Calcium	Kaltsium
Caverne	Koobas
Continent	Kontinent
Corail	Korall
Couche	Kiht
Cristaux	Kristallid
Érosion	Erosioon
Fondu	Sula
Fossile	Fossiil
Geyser	Geiser
Lave	Lava
Minéraux	Mineraalid
Pierre	Kivi
Plateau	Platoo
Quartz	Kvarts
Sel	Sool
Stalactite	Stalaktiit
Volcan	Vulkaan
Zone	Tsoon

Géométrie
Geomeetriline

Angle	Nurk
Calcul	Arvutus
Cercle	Ring
Courbe	Kõver
Diamètre	Läbimõõt
Dimension	Mõõde
Équation	Võrrand
Hauteur	Kõrgus
Logique	Loogika
Masse	Mass
Médian	Mediaan
Nombre	Arv
Parallèle	Paralleelselt
Proportion	Osa
Segment	Segment
Surface	Pind
Symétrie	Sümmeetria
Théorie	Teooria
Triangle	Kolmnurk
Vertical	Vertikaalne

Gouvernement
Valitsus

Citoyenneté	Kodakondsus
Civil	Tsiviil
Constitution	Põhiseadus
Démocratie	Demokraatia
Discours	Kõne
Discussion	Arutelu
Droits	Õigused
Égalité	Võrdsus
État	Riik
Indépendance	Iseseisvus
Judiciaire	Õiguslik
Justice	Õigus
Liberté	Vabadus
Loi	Seadus
Monument	Monument
Nation	Rahvus
National	Rahvuslik
Paisible	Rahulik
Politique	Poliitika
Symbole	Sümbol

Herboristerie
Herbalism

Ail	Küüslauk
Aromatique	Aromaatne
Basilic	Basiilik
Bénéfique	Kasulik
Culinaire	Kulinaar
Estragon	Estragon
Fenouil	Apteegitill
Fleur	Lill
Ingrédient	Koostisosa
Jardin	Aed
Lavande	Lavendel
Marjolaine	Marjoram
Menthe	Piparmünt
Persil	Petersell
Qualité	Kvaliteet
Romarin	Rosmariin
Safran	Safran
Saveur	Maitse
Thym	Liivatee
Vert	Roheline

Ingénierie
Engineering

Angle	Nurk
Axe	Telg
Calcul	Arvutus
Construction	Ehitus
Diagramme	Skeem
Diamètre	Läbimõõt
Diesel	Diisel
Distribution	Levitamine
Engrenages	Käik
Énergie	Energia
Force	Tugevus
Liquide	Vedelik
Machine	Masin
Mesure	Mõõtmine
Moteur	Mootor
Profondeur	Sügavus
Propulsion	Poolt
Rotation	Rotatsiooni
Stabilité	Stabiilsus
Structure	Struktuur

Instruments de Musique
Muusikariistad

Banjo	Banjo
Basson	Fagott
Clarinette	Klarnet
Flûte	Flööt
Gong	Gong
Guitare	Kitarr
Harmonica	Suupill
Harpe	Harf
Hautbois	Oboe
Mandoline	Mandoliin
Marimba	Marimba
Percussion	Löökpillid
Piano	Klaver
Saxophone	Saksofon
Tambour	Trumm
Tambourin	Tamburiin
Trombone	Tromboon
Trompette	Trompet
Violon	Viiul
Violoncelle	Tšello

Jardin
Aed

Arbre	Puu
Banc	Pink
Buisson	Põõsas
Clôture	Tara
Étang	Tiik
Fleur	Lill
Garage	Garaaž
Hamac	Võrkkiik
Herbe	Muru
Jardin	Aed
Mauvaises Herbes	Umbrohi
Pelle	Kühvel
Porche	Veranda
Râteau	Reha
Sol	Muld
Terrasse	Terrass
Trampoline	Batuut
Tuyau	Voolik
Verger	Viljapuuaed
Vigne	Viinapuu

Jardinage
Aiandus

Botanique	Botaaniline
Bouquet	Kimp
Climat	Kliima
Comestible	Söödav
Compost	Kompost
Eau	Vesi
Espèce	Liik
Exotique	Eksootiline
Feuillage	Lehestik
Feuille	Leht
Fleur	Õis
Floral	Õie
Graines	Seemned
Humidité	Niiskus
Récipient	Konteiner
Saisonnier	Hooajaline
Saleté	Mustus
Sol	Muld
Tuyau	Voolik
Verger	Viljapuuaed

Jazz

Jazz

Accent	Rõhk
Album	Album
Artiste	Kunstnik
Célèbre	Kuulus
Chanson	Laul
Compositeur	Helilooja
Composition	Koostis
Concert	Kontsert
Favoris	Lemmikud
Genre	Žanr
Musique	Muusika
Nouveau	Uus
Orchestre	Orkester
Rythme	Rütm
Solo	Soolo
Style	Stiil
Talent	Talent
Tambours	Trummid
Technique	Tehnika
Vieux	Vana

Jours et Mois

Päevad ja Kuud

Août	August
Avril	Aprill
Calendrier	Kalender
Dimanche	Pühapäev
Février	Veebruar
Janvier	Jaanuar
Jeudi	Neljapäev
Juillet	Juuli
Juin	Juuni
Lundi	Esmaspäev
Mardi	Teisipäev
Mars	Märts
Mercredi	Kolmapäev
Mois	Kuu
Novembre	November
Octobre	Oktoober
Samedi	Laupäev
Semaine	Nädal
Septembre	September
Vendredi	Reede

Les Abeilles

Mesilased

Ailes	Tiivad
Bénéfique	Kasulik
Cire	Vaha
Diversité	Mitmekesisus
Essaim	Sülem
Écosystème	Ökosüsteem
Fleur	Õis
Fleurs	Lilled
Fruit	Puuviljad
Fumée	Suits
Habitat	Elupaik
Insecte	Putukas
Jardin	Aed
Miel	Mesi
Nourriture	Toit
Plantes	Taimed
Pollen	Õietolm
Reine	Kuninganna
Ruche	Taru
Soleil	Päike

Les Médias

Keskmine

Attitudes	Hoiakud
Commercial	Kaubanduslik
Communication	Teatis
En Ligne	Online
Édition	Väljaanne
Éducation	Haridus
Faits	Faktid
Financement	Rahastamine
Individuel	Individuaalne
Industrie	Tööstus
Journaux	Ajalehed
Local	Kohalik
Magazines	Ajakirjad
Numérique	Digitaalne
Opinion	Arvamus
Photos	Fotod
Public	Avalik
Radio	Raadio
Réseau	Võrk
Télévision	Televisioon

Légumes

Köögiviljad

Ail	Küüslauk
Artichaut	Artišokk
Aubergine	Baklažaan
Brocoli	Brokkoli
Carotte	Porgand
Céleri	Seller
Champignon	Seen
Citrouille	Kõrvits
Concombre	Kurk
Échalote	Šalott
Épinard	Spinat
Gingembre	Ingver
Navet	Naeris
Oignon	Sibul
Olive	Oliiv
Persil	Petersell
Pois	Hernes
Radis	Redis
Salade	Salat
Tomate	Tomat

Littérature

Kirjandus

Analogie	Analoogia
Analyse	Analüüs
Anecdote	Anekdoot
Auteur	Autor
Biographie	Elulugu
Comparaison	Võrdlus
Conclusion	Järeldus
Description	Kirjeldus
Dialogue	Dialoog
Fiction	Fiction
Métaphore	Metafoor
Narrateur	Jutustaja
Poème	Luuletus
Poétique	Poeetiline
Rime	Riim
Roman	Romaan
Rythme	Rütm
Style	Stiil
Thème	Teema
Tragédie	Tragöödia

Livres
Raamatud

Auteur	Autor
Aventure	Seiklus
Collection	Kogumine
Contexte	Kontekst
Dualité	Duaalsus
Épique	Eepiline
Histoire	Lugu
Historique	Ajalooline
Humoristique	Humoorikas
Inventif	Leidlik
Lecteur	Lugeja
Littéraire	Kirjandus
Narrateur	Jutustaja
Page	Leht
Pertinent	Asjakohane
Poème	Luuletus
Poésie	Luule
Roman	Romaan
Série	Seeria
Tragique	Traagiline

Maison
Maja

Balai	Luud
Bibliothèque	Raamatukogu
Chambre	Tuba
Cheminée	Kamin
Clés	Võtmed
Clôture	Tara
Cuisine	Köök
Douche	Dušš
Fenêtre	Aken
Garage	Garaaž
Grenier	Pööning
Jardin	Aed
Lampe	Lamp
Miroir	Peegel
Mur	Sein
Plafond	Lagi
Porte	Uks
Rideaux	Kardinad
Tapis	Vaip
Toit	Katus

Maladie
Haigus

Abdominal	Kõhu
Allergies	Allergiad
Bien-Être	Heaolu
Chronique	Krooniline
Contagieux	Nakkav
Corps	Keha
Cœur	Süda
Faible	Nõrk
Génétique	Geneetiline
Héréditaire	Pärilik
Immunité	Immuunsus
Inflammation	Põletik
Lombaire	Nimme
Neuropathie	Neuropaatia
Os	Luud
Pulmonaire	Kopsu
Respiratoire	Hingamisteede
Santé	Tervis
Syndrome	Sündroom
Thérapie	Ravi

Mammifères
Imetajad

Baleine	Vaal
Chat	Kass
Cheval	Hobune
Chien	Koer
Coyote	Koiott
Dauphin	Delfiin
Éléphant	Elevant
Girafe	Kaelkirjak
Gorille	Gorilla
Kangourou	Känguru
Lapin	Küülik
Lion	Lõvi
Loup	Hunt
Mouton	Lambad
Ours	Karu
Renard	Rebane
Singe	Ahv
Taureau	Pull
Tigre	Tiiger
Zèbre	Sebra

Mathématiques
Matemaatika

Angles	Nurgad
Arithmétique	Aritmeetika
Carré	Ruut
Circonférence	Ümbermõõt
Décimal	Koma
Diamètre	Läbimõõt
Exposant	Eksponent
Équation	Võrrand
Fraction	Fraktsioon
Géométrie	Geomeetria
Parallèle	Paralleelselt
Parallélogramme	Rööpkülik
Perpendiculaire	Risti
Polygone	Hulknurk
Rayon	Raadius
Rectangle	Ristkülik
Somme	Summa
Sphère	Kera
Symétrie	Sümmeetria
Triangle	Kolmnurk

Mesures
Mõõtmised

Centimètre	Sentimeeter
Degré	Kraad
Décimal	Koma
Gramme	Gramm
Hauteur	Kõrgus
Kilogramme	Kilogramm
Kilomètre	Kilomeetri
Largeur	Laius
Litre	Liiter
Longueur	Pikkus
Masse	Mass
Mètre	Meeter
Minute	Minut
Octet	Bait
Once	Unts
Pinte	Pint
Poids	Kaal
Pouce	Toll
Profondeur	Sügavus
Tonne	Tonn

Méditation
Meditatsioon

Acceptation	Vastuvõtt
Attention	Tähelepanu
Calme	Rahulik
Clarté	Selgus
Compassion	Kaastunne
Émotions	Emotsioone
Éveillé	Ärkvel
Gentillesse	Headus
Gratitude	Tänu
Habitudes	Harjumused
Mental	Vaimne
Mouvement	Liikumine
Musique	Muusika
Nature	Loodus
Observation	Vaatlus
Paix	Rahu
Perspective	Perspektiiv
Posture	Poos
Respiration	Hingamine
Silence	Vaikus

Météo
Ilm

Arc-En-Ciel	Vikerkaar
Atmosphère	Atmosfäär
Brise	Imelihtne
Brouillard	Udu
Calme	Rahulik
Ciel	Taevas
Climat	Kliima
Glace	Jää
Mousson	Mussoon
Nuage	Pilv
Ouragan	Orkaan
Polaire	Polaarne
Sec	Kuiv
Sécheresse	Põud
Température	Temperatuur
Tempête	Torm
Tonnerre	Äike
Tornade	Tornaado
Tropical	Troopiline
Vent	Tuul

Musique
Muusika

Album	Album
Ballade	Ballaad
Chanter	Laulma
Chanteur	Laulja
Classique	Klassikaline
Enregistrement	Salvestamine
Harmonie	Harmoonia
Harmonique	Harmooniline
Instrument	Vahend
Lyrique	Lüüriline
Mélodie	Meloodia
Microphone	Mikrofon
Musical	Muusikaline
Musicien	Muusik
Opéra	Ooper
Poétique	Poeetiline
Rythme	Rütm
Rythmique	Rütmiline
Tempo	Tempo
Vocal	Vokaal

Mythologie
Mütoloogia

Archétype	Arhetüüp
Catastrophe	Katastroof
Comportement	Käitumine
Création	Loomine
Créature	Olend
Culture	Kultuur
Éclair	Välk
Force	Tugevus
Guerrier	Sõdalane
Héroïne	Kangelanna
Héros	Kangelane
Immortalité	Surematus
Jalousie	Armukadedus
Labyrinthe	Labürint
Légende	Legend
Magique	Maagiline
Monstre	Koletis
Mortel	Surelik
Tonnerre	Kõu
Vengeance	Kättemaks

Nature
Iseloom

Abeilles	Mesilased
Abri	Varjupaik
Animaux	Loomad
Arctique	Arktiline
Beauté	Ilu
Brouillard	Udu
Désert	Kõrb
Dynamique	Dünaamiline
Érosion	Erosioon
Falaises	Kaljud
Feuillage	Lehestik
Fleuve	Jõe
Forêt	Mets
Glacier	Liustik
Nuage	Pilved
Sanctuaire	Sanctuary
Sauvage	Metsik
Serein	Rahulik
Tropical	Troopiline
Vital	Eluline

Nombres
Numbrid

Cinq	Viis
Deux	Kaks
Décimal	Koma
Dix	Kümme
Dix-Huit	Kaheksateist
Dix-Neuf	Üheksateist
Dix-Sept	Seitseteist
Douze	Kaksteist
Huit	Kaheksa
Neuf	Üheksa
Quatorze	Neliteist
Quatre	Neli
Quinze	Viisteist
Seize	Kuusteist
Sept	Seitse
Six	Kuus
Treize	Kolmteist
Trois	Kolm
Vingt	Kakskümmend
Zéro	Null

Nourriture #1
Toit #1

Ail	Küüslauk
Basilic	Basiilik
Café	Kohv
Cannelle	Kaneel
Carotte	Porgand
Citron	Sidrun
Épinard	Spinat
Fraise	Maasikas
Jus	Mahl
Lait	Piim
Navet	Naeris
Oignon	Sibul
Orge	Odra
Poire	Pirn
Salade	Salat
Sel	Sool
Soupe	Supp
Sucre	Suhkur
Thon	Tuunikala
Viande	Liha

Nourriture #2
Toit #2

Amande	Mandel
Aubergine	Baklažaan
Banane	Banaan
Blé	Nisu
Brocoli	Brokkoli
Cerise	Kirss
Céleri	Seller
Champignon	Seen
Chocolat	Šokolaad
Jambon	Sink
Kiwi	Kiivi
Mangue	Mango
Oeuf	Muna
Pain	Leib
Poisson	Kala
Pomme	Õun
Poulet	Kana
Raisin	Viinamarja
Riz	Riis
Tomate	Tomat

Nutrition
Toitumine

Amer	Kibe
Appétit	Isu
Calories	Kaloreid
Comestible	Söödav
Diète	Dieet
Digestion	Seedimine
Épices	Vürtsid
Fermentation	Käärimine
Glucides	Süsivesikuid
Ingrédients	Koostisosad
Liquides	Vedelike
Poids	Kaal
Protéines	Valgud
Qualité	Kvaliteet
Sain	Tervislik
Santé	Tervis
Sauce	Kaste
Saveur	Maitse
Toxine	Toksiin
Vitamine	Vitamiin

Océan
Ookean

Algue	Merevetikad
Anguille	Angerjas
Baleine	Vaal
Bateau	Paat
Corail	Korall
Crabe	Krabi
Crevette	Krevetid
Dauphin	Delfiin
Éponge	Käsna
Huître	Auster
Méduse	Meduus
Poisson	Kala
Poulpe	Kaheksajalg
Requin	Hai
Récif	Kari
Sel	Sool
Tempête	Torm
Thon	Tuunikala
Tortue	Kilpkonn
Vagues	Lained

Oiseaux
Linnud

Aigle	Kotkas
Autruche	Jaanalind
Canard	Part
Cigogne	Toonekurg
Colombe	Tuvi
Corbeau	Vares
Coucou	Kägu
Cygne	Luik
Flamant	Flamingo
Héron	Haigur
Manchot	Pingviin
Moineau	Varblane
Mouette	Kajakas
Oeuf	Muna
Oie	Hani
Paon	Paabulind
Perroquet	Papagoi
Pélican	Pelikani
Poulet	Kana
Toucan	Tuukan

Pays #1
Riigid #1

Afghanistan	Afganistan
Allemagne	Saksamaa
Argentine	Argentina
Brésil	Brasiilia
Canada	Kanada
Espagne	Hispaania
Équateur	Ecuador
Finlande	Soome
Inde	India
Israël	Iisrael
Libye	Liibüa
Mali	Mali
Maroc	Maroko
Nicaragua	Nicaragua
Norvège	Norra
Panama	Panama
Philippines	Filipiinid
Pologne	Poola
Roumanie	Rumeenia
Venezuela	Venezuela

Pays #2
Riigid #2

Albanie	Albaania
Chine	Hiina
Danemark	Taani
France	Prantsusmaa
Haïti	Haiti
Indonésie	Indoneesia
Irlande	Iirimaa
Jamaïque	Jamaica
Japon	Jaapan
Kenya	Kenya
Laos	Laos
Liban	Liibanon
Mexique	Mehhiko
Ouganda	Uganda
Pakistan	Pakistan
Russie	Venemaa
Somalie	Somaalia
Soudan	Sudaan
Syrie	Süüria
Ukraine	Ukraina

Paysages
Maastikud

Cascade	Juga
Colline	Mäe
Désert	Kõrb
Estuaire	Estuaar
Fleuve	Jõe
Geyser	Geiser
Glacier	Liustik
Grotte	Koobas
Iceberg	Jäämägi
Île	Saar
Lac	Järv
Marais	Soo
Mer	Meri
Montagne	Mägi
Oasis	Oaas
Péninsule	Poolsaar
Plage	Rand
Toundra	Tundra
Vallée	Org
Volcan	Vulkaan

Philanthropie
Filantroopia

Besoin	Vaja
Buts	Eesmärk
Charité	Heategevus
Communauté	Kogukond
Contacts	Kontaktid
Défis	Väljakutsed
Enfants	Lapsed
Finance	Rahandus
Fonds	Vahendid
Gens	Inimesed
Générosité	Suuremeelsus
Global	Globaalne
Groupes	Rühmad
Histoire	Ajalugu
Honnêteté	Ausus
Humanité	Inimkond
Jeunesse	Noorus
Mission	Missioon
Programmes	Programmid
Public	Avalik

Physique
Füüsika

Accélération	Kiirendus
Atome	Aatom
Chaos	Kaos
Chimique	Keemiline
Densité	Tihedus
Électron	Elektron
Formule	Valem
Fréquence	Sagedus
Gaz	Gaas
Gravité	Raskus
Magnétisme	Magnetism
Masse	Mass
Mécanique	Mehaanika
Molécule	Molekul
Moteur	Mootor
Nucléaire	Tuuma
Particule	Osake
Relativité	Suhtelisus
Universel	Universaalne
Vitesse	Kiirus

Plantes
Taimed

Arbre	Puu
Baie	Mari
Bambou	Bambus
Botanique	Botaanika
Buisson	Põõsas
Cactus	Kaktus
Engrais	Väetis
Feuillage	Lehestik
Fleur	Lill
Flore	Floora
Forêt	Mets
Grandir	Kasvama
Haricot	Uba
Herbe	Muru
Jardin	Aed
Lierre	Luuderohi
Mousse	Sammal
Pétale	Kroonleht
Racine	Juur
Végétation	Taimestik

Professions #1
Ametialad #1

Ambassadeur	Suursaadik
Artiste	Kunstnik
Astronome	Astronoom
Avocat	Advokaat
Banquier	Pankur
Bijoutier	Juveliir
Cartographe	Kartograaf
Chasseur	Jahimees
Danseur	Tantsija
Entraîneur	Treener
Éditeur	Toimetaja
Géologue	Geoloog
Infirmière	Õde
Médecin	Arst
Musicien	Muusik
Pianiste	Pianist
Plombier	Torumees
Pompier	Tuletõrjuja
Psychologue	Psühholoog
Scientifique	Teadlane

Professions #2
Ametialad #2

Astronaute	Astronaut
Biologiste	Bioloog
Chercheur	Teadlane
Chirurgien	Kirurg
Dentiste	Hambaarst
Détective	Detektiiv
Enquêteur	Uurija
Enseignant	Õpetaja
Illustrateur	Illustraator
Ingénieur	Insener
Inventeur	Leiutaja
Jardinier	Aednik
Journaliste	Ajakirjanik
Linguiste	Keeleteadlane
Médecin	Arst
Peintre	Maalikunstnik
Philosophe	Filosoof
Photographe	Fotograaf
Pilote	Piloot
Zoologiste	Zooloog

Randonnée
Matkamine

Animaux	Loomad
Bottes	Saapad
Camping	Telkimine
Carte	Kaart
Climat	Kliima
Eau	Vesi
Falaise	Kalju
Fatigué	Väsinud
Guides	Juhendid
Lourd	Raske
Météo	Ilm
Montagne	Mägi
Nature	Loodus
Orientation	Orientatsioon
Parcs	Park
Pierres	Kivid
Préparation	Ettevalmistus
Sauvage	Metsik
Soleil	Päike
Sommet	Tippkohtumine

Remplir
Täitmiseks

Baignoire	Vann
Baril	Tünn
Boîte	Kast
Bouteille	Pudel
Caisse	Kasti
Carton	Karp
Dossier	Kausta
Enveloppe	Ümbrik
Navire	Laev
Panier	Korv
Paquet	Paket
Plateau	Salv
Poche	Tasku
Pot	Purk
Sac	Kott
Seau	Ämber
Tiroir	Sahtel
Tube	Toru
Valise	Kohver
Vase	Vaas

Restaurant #2
Restoran #2

Boisson	Jook
Chaise	Tool
Cuillère	Lusikas
Déjeuner	Lõuna
Délicieux	Maitsev
Dîner	Õhtusöök
Eau	Vesi
Épices	Vürtsid
Fourchette	Kahvel
Fruit	Puuviljad
Gâteau	Kook
Glace	Jää
Légumes	Köögiviljad
Nouilles	Nuudlid
Oeuf	Munad
Poisson	Kala
Salade	Salat
Sel	Sool
Serveur	Kelner
Soupe	Supp

Santé et Bien-Être #1
Tervis ja Heaolu #1

Actif	Aktiivne
Bactéries	Bakterid
Blessure	Vigastus
Clinique	Kliinik
Faim	Nälg
Fracture	Luumurd
Habitude	Harjumus
Hauteur	Kõrgus
Hormone	Hormoonid
Médecin	Arst
Médicament	Ravim
Muscles	Lihased
Os	Luud
Peau	Nahk
Pharmacie	Apteek
Posture	Poos
Relaxation	Lõõgastus
Réflexe	Refleks
Traitement	Ravi
Virus	Viirus

Santé et Bien-Être #2
Tervis ja Heaolu #2

Allergie	Allergia
Anatomie	Anatoomia
Appétit	Isu
Calorie	Kalorsusega
Corps	Keha
Déshydratation	Dehüdratsioon
Énergie	Energia
Génétique	Geneetika
Hôpital	Haigla
Hygiène	Hügieen
Infection	Nakkus
Maladie	Haigus
Massage	Massaaž
Nutrition	Toitumine
Poids	Kaal
Récupération	Taastamine
Sain	Tervislik
Sang	Veri
Stress	Stress
Vitamine	Vitamiin

Science
Teadus

Atome	Aatom
Chimique	Keemiline
Climat	Kliima
Données	Andmed
Expérience	Katse
Évolution	Evolutsioon
Fait	Fakt
Fossile	Fossiil
Gravité	Raskus
Hypothèse	Hüpotees
Laboratoire	Labor
Méthode	Meetod
Minéraux	Mineraalid
Molécules	Molekulid
Nature	Loodus
Observation	Vaatlus
Organisme	Organism
Particules	Osakesed
Physique	Füüsika
Scientifique	Teadlane

Science-Fiction
Ulme

Atomique	Aatomi
Cinéma	Kino
Explosion	Plahvatus
Extrême	Äärmuslik
Fantastique	Fantastiline
Feu	Tulekahju
Futuriste	Futuristlik
Galaxie	Galaktika
Illusion	Illusioon
Imaginaire	Kujuteldav
Livres	Raamatud
Monde	Maailm
Mystérieux	Salapärane
Oracle	Oraakel
Planète	Planeet
Réaliste	Realistlik
Robots	Robotid
Scénario	Stsenaarium
Technologie	Tehnoloogia
Utopie	Utoopia

Sport
Sport

Athlète	Sportlane
Capacité	Võime
Cardiovasculaire	Veresoonkonna
Corps	Keha
Cyclisme	Jalgrattasõit
Danse	Tantsimine
Diète	Dieet
Endurance	Vastupidavus
Entraîneur	Treener
Force	Tugevus
Jogging	Sörkimine
Maximiser	Maksimeerida
Métabolique	Metaboolne
Muscles	Lihased
Nutrition	Toitumine
Objectif	Eesmärk
Os	Luud
Programme	Programm
Santé	Tervis
Sports	Sport

Temps
Aeg

Année	Aasta
Annuel	Aastane
Après	Pärast
Avant	Enne
Bientôt	Varsti
Calendrier	Kalender
Décennie	Kümnend
Futur	Tulevik
Heure	Tund
Hier	Eile
Horloge	Kell
Jour	Päev
Maintenant	Nüüd
Matin	Hommik
Midi	Keskpäev
Minute	Minut
Mois	Kuu
Nuit	Öö
Semaine	Nädal
Siècle	Sajand

Types de Cheveux
Juuste Tüübid

Argent	Hõbe
Blanc	Valge
Blond	Blond
Boucles	Lokid
Brillant	Läikiv
Chauve	Kiilas
Coloré	Värvitud
Court	Lühike
Doux	Pehme
Épais	Paks
Frisé	Lokkis
Gris	Hall
Long	Pikk
Marron	Pruun
Mince	Õhuke
Noir	Must
Ondulé	Laineline
Sain	Tervislik
Sec	Kuiv
Tressé	Põimitud

Univers
Universumi

Astéroïde	Asteroid
Astronome	Astronoom
Astronomie	Astronoomia
Atmosphère	Atmosfäär
Ciel	Taevas
Cosmique	Kosmiline
Équateur	Ekvaator
Galaxie	Galaktika
Hémisphère	Poolkera
Horizon	Horisont
Latitude	Laiuskraad
Longitude	Pikkuskraad
Lune	Kuu
Obscurité	Pimedus
Orbite	Orbiit
Solaire	Päikese
Solstice	Pööripäev
Télescope	Teleskoop
Visible	Nähtav
Zodiaque	Zodiac

Vacances #2
Puhkus #2

Aéroport	Lennujaam
Camping	Telkimine
Carte	Kaart
Destination	Sihtkoht
Étranger	Välismaalane
Hôtel	Hotell
Île	Saar
Loisir	Vaba
Mer	Meri
Passeport	Pass
Plage	Rand
Restaurant	Restoran
Réservations	Reservatsioon
Taxi	Takso
Tente	Telk
Train	Rong
Transport	Transport
Vacances	Puhkus
Visa	Viisa
Voyage	Reisi

Véhicules
Sõidukid

Ambulance	Kiirabi
Avion	Lennuk
Bateau	Paat
Bus	Buss
Camion	Veoauto
Ferry	Praam
Fusée	Rakett
Hélicoptère	Helikopter
Métro	Metroo
Moteur	Mootor
Pneus	Rehvid
Radeau	Parv
Scooter	Roller
Sous-Marin	Allveelaev
Taxi	Takso
Tracteur	Traktor
Train	Rong
Van	Van
Vélo	Jalgratas
Voiture	Auto

Vêtements
Riided

Bracelet	Käevõru
Ceinture	Vöö
Chapeau	Müts
Chaussure	Kinga
Chemise	Särk
Chemisier	Pluus
Collier	Kaelakee
Foulard	Sall
Gants	Kindad
Jeans	Teksad
Jupe	Seelik
Manteau	Mantel
Mode	Mood
Pantalon	Püksid
Pull	Kampsun
Pyjama	Pidžaama
Robe	Kleit
Sandales	Sandaalid
Tablier	Põll
Veste	Jope

Ville
Linn

Aéroport	Lennujaam
Banque	Pank
Bibliothèque	Raamatukogu
Boulangerie	Pagaritöö
Cinéma	Kino
Clinique	Kliinik
École	Kool
Fleuriste	Lillepood
Galerie	Galerii
Hôtel	Hotell
Librairie	Raamatupood
Marché	Turg
Musée	Muuseum
Pharmacie	Apteek
Restaurant	Restoran
Stade	Staadion
Supermarché	Supermarket
Théâtre	Teater
Université	Ülikool
Zoo	Loomaaed

Félicitations

Vous avez réussi !

Nous espérons que vous avez apprécié ce livre autant que nous avons pris plaisir à le concevoir. Nous faisons de notre mieux pour créer des livres de la meilleure qualité possible.
Cette édition est conçue pour permettre un apprentissage intelligent et de qualité en se divertissant !

Vous avez aimé ce livre ?

Une Simple Demande

Nos livres existent grâce aux avis que vous publiez. Pourriez-vous nous aider en laissant un avis maintenant ?

Voici un lien rapide qui vous mènera à votre page d'évaluation de vos commandes :

BestBooksActivity.com/Avis50

CHALLENGE FINAL !

Défi n°1

Êtes-vous prêt pour votre jeu bonus ? Nous les utilisons tout le temps mais ils ne sont pas si faciles à trouver. Voici les Synonymes !

Notez 5 mots que vous avez trouvés dans les puzzles notés ci-dessous (n°21, n°36, n°76) et essayez de trouver 2 synonymes pour chaque mot.

Notez 5 Mots du ***Puzzle 21***

Mots	Synonyme 1	Synonyme 2

Notez 5 Mots du ***Puzzle 36***

Mots	Synonyme 1	Synonyme 2

Notez 5 Mots du ***Puzzle 76***

Mots	Synonyme 1	Synonyme 2

Défi n°2

Maintenant que vous vous êtes échauffé, notez 5 mots que vous avez découverts dans les Puzzles n° 9, n° 17, n° 25 et essayez de trouver 2 antonymes pour chaque mot. Combien pouvez-vous en trouver en 20 minutes ?

Notez 5 Mots du ***Puzzle 9***

Mots	Antonyme 1	Antonyme 2

Notez 5 Mots du ***Puzzle 17***

Mots	Antonyme 1	Antonyme 2

Notez 5 Mots du ***Puzzle 25***

Mots	Antonyme 1	Antonyme 2

Défi n°3

Formidable ! Ce défi final  n'est rien pour vous.

Prêt pour le dernier défi ? Choisissez 10 mots que vous avez découverts parmi les différents puzzles et notez-les ci-dessous.

1.	6.
2.	7.
3.	8.
4.	9.
5.	10.

Maintenant, composez un texte en pensant à une personne, un animal ou un lieu que vous aimez !

Astuce: Vous pouvez utiliser la dernière page de ce livre comme brouillon !

Votre Composition :

CARNET DE NOTES :

À TRÈS BIENTÔT !

Toute l'équipe

www.ingramcontent.com/pod-product-compliance
Lightning Source LLC
Chambersburg PA
CBHW082200120626
46553CB00010B/2953
* 9 7 9 8 8 9 6 7 0 5 2 3 9 *